ROGER D. NELSON
GEORG KINDEL
Die Welt-Kraft in dir

arkana

ROGER D. NELSON
GEORG KINDEL

DIE WELT-KRAFT IN DIR

Der Einfluss unserer Gedanken
auf Materie, Ereignisse und Gesundheit

arkana

 Dieses Buch ist auch als E-Book erhältlich.

Penguin Random House Verlagsgruppe FSC® N001967

1. Auflage
Originalausgabe
© 2021 Arkana, München,
in der Penguin Random House Verlagsgruppe GmbH,
Neumarkter Straße 28, 81673 München
Lektorat: Pascal Frank
Umschlaggestaltung: ki 36 Editorial Design, München, Daniela Hofner
Umschlagmotive: 3D-Kopf: © Abromov Vsevolod / shutterstock;
Planet Erde: © Vit-Mar / shutterstock;
Bildnachweis: Vignette S. 46, S. 185: © ma_rish / istock;
Grafik S. 76: © PEAR Lab / Princeton University / Brenda Dunne
Satz: Satzwerk Huber, Germering
Druck und Bindung: GGP Media GmbH, Pößneck
Printed in Germany
ISBN 978-3-442-34273-0
www.arkana-verlag.de

Besuchen Sie den Arkana Verlag im Netz

Für Reinhilde (Lefty) und Greg –
you are the love and the light in my life.
Roger Nelson

Für Clara, Lorenzo und Christina –
Ihr seid die Welt-Kraft der Liebe.
Georg Kindel

Inhalt

Vorwort 9

1. **Ein Planet im Umbruch**
   Der Tag, an dem die Welt stillzustehen schien........ 15

2. **Die Meditation als Schlüssel**
   Das Tor zu unseren außergewöhnlichen
   Fähigkeiten...................................... 29

3. **Die Kraft unserer Gedanken**
   Fernwahrnehmung als natürliche Fähigkeit.......... 49

4. **Die Quantenmechanik des Bewusstseins**
   Wie wir außergewöhnliche Fähigkeiten
   erforschen 67

5. **Jeder kann ein Medium sein**
   Anleitung für Ihr eigenes
   Fernwahrnehmungsexperiment.................. 79

6. **Wie Kranke wieder gesund werden**
   Die heilende Kraft unserer Intention –
   und wie Meditation und Gebet uns verändern...... 91

7. **Frequenzen und Vibrationen**
   Therapeutic Touch und die Welt-Kraft 125

8. Das Individuum gegen die Wahrscheinlichkeit
Eine Theorie, warum die Welt-Kraft
den Naturgesetzen nicht entgegensteht 139

9. Die Welt-Kraft im Zeitalter der Liebe
Die Freude am Sein, das Mitgefühl
und die Idee des Gebens 157

10. Die Verbundenheit unserer Herzen
Das Herz als zweites Gehirn und Quelle der
Intuition 175

11. Das Genie in uns
Die Verbindung zu einem größeren Ganzen 195

12. Bewusste Finanzprognosen
Was Aktienrenditen mit dem globalen
Bewusstsein zu tun haben 207

13. Die Welt-Kraft der Natur
Wie uns Ehrfurcht in unserer Entwicklung
weiterbringen kann 213

14. Die nächste Stufe der Evolution
Auf dem Weg zur Noosphäre 225

15. Epilog: Ihre Geschichte
Wir schreiben das Buch der außergewöhnlichen
Fähigkeiten weiter 235

Anhang
Dank 237
Quellen 239
Literaturverzeichnis 245

Vorwort

Senden Sie manchmal »heilende Gedanken« an jemanden in der Ferne, der verletzt oder krank ist? Fast jeder beantwortet diese Frage mit Ja. Aber warum tun wir so etwas? Gibt es einen Grund zu der Annahme, dass es tatsächlich eine hilfreiche Wirkung hat, oder ist es nur eine symbolische oder sozial bedingte Geste?

Wir denken selten über solche Fragen nach, aber die meisten von uns sprechen in einem solchen Moment tatsächlich ein Gebet oder senden positive Gedanken an jene, die sie nötig haben. Dies ist wichtig, obwohl es – wie viele Aspekte des Geistes und des Bewusstseins – über das hinausgeht, was wir aus der akademischen Forschung kennen. Es ist wichtig, weil es unser Leben berührt. Dennoch wird es von der Wissenschaft vernachlässigt oder sogar ignoriert.

In diesem Buch präsentieren wir überraschende Fakten und zeigen die vielversprechenden Perspektiven neuer Studien, die beginnen, die Lücken in der traditionellen Wissenschaft mit einem neuen Verständnis für die Welt, uns Menschen und unser Bewusstsein zu füllen. Es ist faszinierend, was uns die moderne Wissenschaft über den Geist und die Seele erzählen kann.

Das Heilen durch Wünsche und Gebete spielt hier eine wichtige Rolle. Wir wollen nicht nur eine allgemeine Beschreibung davon geben, sondern die Weisheit und den Rat von Menschen aufzeigen, die diese Kunst tatsächlich beherrschen. Dabei werden wir verschiedene Perspektiven betrachten und erklären, was diesen Praktiken zugrunde liegt.

Wir glauben, dass Ihnen dieses Buch wertvolle Erkenntnisse und nützliche Fertigkeiten liefert, die Sie in Ihrem eigenen Leben anwenden können. Möglicherweise ist das wichtigste Werkzeug, das wir haben, die Intuition. Sie begleitet uns nicht nur im Alltag, sondern ist auch die Basis für Helfen und Heilen. Ihr liegt die teilweise unbewusste Führung von innen zugrunde, die wir manchmal als Bauchgefühl bezeichnen. Intuition entsteht unbewusst, ist aber geprägt von den Umständen und Fragen, mit denen wir uns befassen. Es lohnt sich, diese Fähigkeit zu verstehen und zu kultivieren. Sie repräsentiert die Kraft Ihres Körpers und Geistes, wenn beide im Einklang sind.

Die Kraft Ihres Geistes, die Welt-Kraft, wird dann ein mächtiger Teil Ihres Lebens, wenn Ihre Intention ihre Wirkung entfaltet. Die Intention, also die Absicht, fokussiert und leitet die überraschende Reihe außergewöhnlicher unbewusster Werkzeuge und Fähigkeiten, über die wir verfügen. Sie ermöglicht es auch den Potenzialen in unserem Leben, sich auf einer höheren Ebene zu manifestieren. Unsere verborgenen Impulse wie Mitgefühl, Großzügigkeit und Vergebung werden zur Quelle des Wachstums, wenn sie auf eine bewusste Ebene gebracht werden. So können wir unser volles menschliches Potenzial ausschöpfen. Diese Schritte vorwärts und aufwärts bereiten uns, wie wir aus eigener Erfahrung wissen, nicht nur Freude, sondern beinhalten auch die Belohnung, einzelnen Mitmenschen und der Gemeinschaft zu helfen.

Die heutige Welt wirkt schwierig und gefährlich, insbesondere hinsichtlich der Idee von Zusammengehörigkeit und Einheit, aber es ist eine Tatsache, dass uns jeder Schritt dem Ziel näher bringt. Wir müssen das Positive im Auge behalten, denn das bedeutet, dass es Realität werden kann. »Zweifle niemals daran, dass eine kleine Gruppe engagierter Menschen die Welt verändern kann«, sagte Margaret Mead einst. »Tatsächlich ist dies die einzige Art und Weise, in der die Welt jemals verändert wurde.«[1]

Wir möchten Ihnen hier nicht nur den Beweis dafür liefern, dass das menschliche Bewusstsein, die Welt-Kraft, überraschende verborgene Kräfte freisetzt, sondern auch die Möglichkeit bieten, diese bemerkenswerten Fähigkeiten selbst zu erfahren, zu entwickeln und zu nutzen. So ist es beispielsweise möglich, Informationen über Entfernung und sogar durch die Zeit mit Fernwahrnehmung zu empfangen.

Was unglaublich klingen mag, haben wir bei jeder siebten Testperson im Princeton Engineering Anomalies Research (PEAR) Lab der Princeton University nachweisen können. Heute wissen wir aufgrund zahlreicher Studien, dass wir alle vermutlich über solche Fähigkeiten verfügen: Manche beherrschen sie mehr, andere weniger. Mit den richtigen Techniken und einiger Übung können Sie lernen, einen Ort zu beschreiben, den ein Freund morgen besuchen wird, obwohl der Zielort zum Zeitpunkt der Beschreibung noch nicht einmal festgelegt oder ausgewählt wurde.

Warum könnte sich das lohnen? Wir glauben, dass es wichtig ist, die außergewöhnlichen Fähigkeiten in uns zu erkennen, die uns auszeichnen. Wir gehen sogar noch einen Schritt weiter: Wenn Sie wissen, dass Ihre Präsenz in der Welt nicht auf Ihren Körper und Ihr Bewusstsein, Ihr Geist nicht auf Ihren Kopf beschränkt ist, sondern in die Welt hinaus wirkt, kann Ihr Leben glücklicher, reicher und erfüllter sein. Die Bedeutung Ihrer Intention wird enorm aufgewertet. Denn Ihre Absichten prägen Ihre Welt. Wie uns Nipun Mehta in einem Gespräch sagte: »Ich denke, dass unsere Wahrnehmung alles ändern kann, ich denke sogar, es ist das Einzige, was die Welt verändern kann.«

Die Menschen, mit denen wir beim Schreiben dieses Buches gesprochen haben und die hier zu Wort kommen werden, eint ein tiefes Verständnis über die Welt-Kraft, die jeder von uns hat. Es ist bemerkenswert, dass alle von ihnen irgendeine Form der Meditation als einen wesentlichen Bestandteil eines bewussten Lebens betrachten. Sie teilen die Überzeugung, dass Gesundheit und Wohlbefinden sowohl im physischen als auch im mentalen Bereich davon abhängen, in Balance zu sein und über eine starke, belastbare Mitte zu verfügen. In uns steckt die Basis, die alle unsere Bemühungen unterstützt, unser volles Potenzial auszuschöpfen.

Unsere innere Welt wird klar und ruhig, wenn wir das fokussierte Bewusstsein, die Essenz der Meditation, nutzen. Denken Sie an das Gefühl und die innere Erfahrung, wenn Sie sich in einem Park befinden und nur auf die Schönheit der Natur achten. Diese Emotion ist eng mit der Meditation verwandt. Es braucht Übung, um das »gerechte Sitzen«, wie es Zen-Praktizierende ausdrücken, wertzuschätzen und sich in es hinein zu entspannen. Doch die meisten Menschen erahnen das Versprechen, wenn es ihnen gelingt, eine regelmäßige Praxis zu etablieren.

Obwohl Meditation weithin akzeptiert ist, gibt es viele, für die sie immer noch fremd und fragwürdig erscheint. Alle Kulturen unterstützen irgendeine Form der Meditation, einschließlich Gebete und Anrufungen. Eine erweiterte Perspektive ist erforderlich, um zu erkennen, dass die Funktionen von Gebet, Ritual und Meditation eng miteinander verbunden sind. Sie alle haben in der Praxis die gleichen Vorzüge. Das entscheidende Wort dabei ist: Übung – die aufmerksame Wiederholung von Gedanken und inneren Bewegungen. Übung, die den Meister macht.

Im Lauf dieses Buches werden wir uns auch auf Methoden konzentrieren, mit denen Sie Ihre eigenen regelmäßigen Praktiken für ein bewusstes, gesundes und achtsames Leben entwickeln können. Wir werden erfahrenen Lehrern zuhören, die über die Klarheit und Ruhe sprechen, die entsteht, wenn Sie auf Ihr Herz achten und sich vorstellen, dass Liebe aus Ihrem Herzen fließt, um andere auf der Welt mit ihr zu berühren und sie großzügig in Ihrer Umgebung zu verbreiten. Wir werden die Kraft der Wertschätzung erleben, über die wir öfter nachdenken und die wir häufiger fühlen sollten. Es ist bereichernd, unsere Verbindungen zu erkennen, auch wenn wir sie nicht sehen oder messen können.

Wir verfolgen mit diesem Buch das Ziel, diese subtilen, aber außerordentlich mächtigen Facetten des Lebens in den Mittelpunkt zu rücken: Wertschätzung, Akzeptanz, Großzügigkeit, die Verbindung mit anderen Menschen und mit Höherem sowie die Kraft des Herzens und der Liebe. Sie sind die Grundlage und das Wesen der Welt-Kraft in dir.

Roger Nelson und Georg Kindel
Princeton, New Jersey, USA, und Wien, Österreich, im März 2021

1

Ein Planet
im Umbruch

Der Tag, an dem die Welt
stillzustehen schien

Es war der Tag, der unsere Welt für immer verändern sollte. Und Tedros Adhanom Ghebreyesus stand im Zentrum der Ereignisse, an die man sich noch in Generationen erinnern wird.

Krisen hat Tedros in seinem Leben zahlreiche erlebt. Er stammt aus Äthiopien, einem der ärmsten Länder der Welt, einem Vielvölkerstaat mit 112 Millionen Einwohnern. Als Kaiser Haile Selassie nach einem Militärputsch abdanken musste, war er gerade neun Jahre alt. Sein kleiner Bruder starb mit drei oder vier Jahren – so genau weiß man das nicht, da es keine Sterbeurkunde gab –, wahrscheinlich an Masern. Bis heute hat Tedros Ghebreyesus, mittlerweile Mitte 50 mit leicht gekräuseltem grau meliertem Haar und Schnurrbart, seinen Tod nicht überwunden. Die Ungerechtigkeit, warum Millionen Menschen an einer leicht zu behandelnden Krankheit sterben müssen, nur weil sie am falschen Ort zur falschen Zeit geboren wurden, verfolgt ihn bis heute.[2]

Als eine Dürre von gigantischem Ausmaß Äthiopien 1984/1985 heimsuchte und in der darauf folgenden Hungersnot fast eine

Million Menschen starben, war Tedros Ghebreyesus 19 Jahre alt. Er wusste: Nach dem erfolgreichen Abschluss seines Biologiestudiums an der Universität von Asmara will er etwas tun, um sein Land und unsere Welt zum Besseren zu verändern.

2005 wurde er Gesundheitsminister von Äthiopien und sollte es für sieben Jahre bleiben. Er begann einen Kampf gegen die Armut, gegen Hunger, gegen fehlende Infrastruktur. Tausende neue Ärzte, Krankenschwestern und medizinisches Hilfspersonal wurden ausgebildet und über 4000 Health Centers im Land neu geschaffen. Tedros Ghebreyesus baute seine internationalen Kontakte aus und begann mit Stiftungen wie der Bill & Melinda Gates Foundation zu kooperieren. Er kämpfte gegen Aids, Malaria, Kindersterblichkeit.[3]

Durch eine Kabinettsumbildung wurde er 2012 Außenminister. Er brillierte bei den Verhandlungen der Third International Conference for Financing for Development im Juli 2015 in Addis Abeba, an denen hochrangige Vertreter von 174 Staaten teilnahmen und deren Ergebnis mehrfach auf der Kippe stand. Durch seinen persönlichen Einsatz und sein Verhandlungsgeschick kam es zur Addis Ababa Action Agenda, in der sich 193 Staaten zur Finanzierung der Sustainable Development Goals der UNO verpflichteten.[4]

Als 2013 der Ausbruch des tödlichen Ebolavirus in Westafrika begann, an dem in den folgenden drei Jahren fast 30 000 Menschen sterben sollten – 40 Prozent aller Erkrankten –, setzte er sich dafür ein, Vorsorgemaßnahmen zu verstärken und mehr Geld in medizinische Infrastruktur zu investieren.

Damals machte sich Tedros Ghebreyesus erstmals Gedanken, was passieren würde, wenn sich eines Tages ein neues Virus global ausbreiten sollte. In einem Interview mit der Medienplattform Devex sagte er im November 2014 prophetisch: »Wir müssen Ebola als Chance sehen, die primären Gesundheitssysteme in jenen Ländern für die Zukunft auszubauen, in denen sie fehlen. Denn es wird andere Herausforderungen in der Zukunft geben, auch andere Viren. Es muss Solidarität in schwierigen Zeiten geben, wir müssen sie in jeder Form unterstützen.«[5]

Fünf Jahre und vier Monate später, am 11. März 2020, saß Tedros Adhanom Ghebreyesus vor einer hellblauen Wand eines Sitzungssaals im Hauptquartier der WHO in der Avenue Appia 20 in Genf. Es schien, als wäre all das, was er in seinem Leben schon durchmachen musste, nur die Vorbereitung auf diesen besonderen Tag gewesen.

Es begann als einfaches Medienbriefing, wie es schon Dutzende Male stattgefunden hatte, seit Tedros Ghebreyesus im Mai 2017 zum Generaldirektor der WHO ernannt wurde. Doch dieses Briefing am Nachmittag des 11. März sollte die offizielle Bestätigung dessen sein, was Gesundheitsbehörden auf der ganzen Welt befürchteten, seit im chinesischen Wuhan ein neuartiges Virus entdeckt wurde. Es markierte den Beginn globaler Maßnahmen, Beschränkungen, Lockdowns und Verbote in einer Dimension, die unsere Welt noch nie erlebt hatte.

Tedros Ghebreyesus sah auf sein Redemanuskript und setzte seine Worte bedächtig: »Es gibt inzwischen mehr als 118 000 Fälle in 114 Ländern, und 4291 Menschen sind ums Leben gekommen. Die WHO hat diesen Ausbruch rund um die Uhr bewertet, und wir sind zutiefst besorgt über die alarmierende Ausbreitung und Schwere sowie über die alarmierende Untätigkeit.« Er stoppte kurz, um schließlich fortzufahren: »Wir haben daher die Einschätzung getroffen, dass Covid-19 als Pandemie charakterisiert werden kann.«[6]

Durch diesen einen Satz sollte nichts mehr so sein wie jemals zuvor. Tedros Ghebreyesus fügte hinzu: »Wir haben noch nie eine Pandemie gesehen, die durch ein Coronavirus ausgelöst wurde. Dies ist die erste Pandemie, die durch ein Coronavirus verursacht wird. Dies ist nicht nur eine Krise der öffentlichen Gesundheit, sondern eine Krise, die jeden Sektor berührt – daher muss jeder Sektor und jeder Einzelne in den Kampf einbezogen werden. Bereiten Sie Ihre Krankenhäuser vor. Schützen und schulen Sie Ihre Gesundheitspersonal. Und lasst uns alle aufeinander aufpassen, weil wir uns brauchen.«[7]

Mit diesen Worten an diesem die Menschheit verändernden Tag wurde alles anders: unser Leben, unsere Gesellschaft, unsere Freiheit, die Art, wie wir leben, arbeiten, feiern, lieben und miteinander umgehen. Über 2,5 Millionen Tote[8] sollte diese Pandemie innerhalb eines Jahres fordern. Das Leben, wie wir es kannten, kam zum Erliegen.

Die Aktienmärkte, die sich bereits im freien Fall befanden, stürzten weiter ab. Nachdem Tedros Ghebreyesus Covid-19 als Pandemie bezeichnet hatte, verlor der Dow-Jones-Index sofort 1200 Punkte und schloss schließlich bei 23553,22 Punkten – einem Minus von 20,3 Prozent unter seinem jüngsten Hoch vom 12. Februar 2020. Die Boeing-Aktie verlor 18 Prozent, der S&P-500-Index gab um 4,89 Prozent nach, der Nasdaq-Index um 4,7 Prozent.[9]

An diesem 11. März verließ Tedros Ghebreyesus spätabends das WHO-Hauptquartier in Genf, es hatte gerade noch zehn Grad, eine leichte nordnordöstliche Brise mit drei Stundenkilometern begleitete ihn auf seinem Weg zum Fahrzeug, das ihn durch die Route des Morillons nach Hause bringen sollte. Erst acht Tage zuvor hatte der WHO-Chef seinen 55. Geburtstag gefeiert. Jetzt wusste er, dass das heftigste Jahr seines Lebens erst bevorstehen sollte.

Eine Maschine beweist das globale Bewusstsein

Was Tedros Ghebreyesus am Ende des 11. März nicht ahnen konnte, war, dass die Menschheit an diesem Tag in ihrer Angst, Sorge und Ungewissheit miteinander verbunden war. Milliarden Menschen rund um den Erdball waren in ihren Gefühlen synchronisiert.

Nach meiner mehr als zweieinhalb Jahrzehnte dauernden Forschungstätigkeit am PEAR Lab der Princeton University gründete ich das Global Consciousness Project (GCP) mit dem Ziel, mit wissenschaftlichen Methoden nachzuweisen, dass es ein globales Bewusstsein gibt, das uns Menschen weltweit verbindet. Über 100 Wissenschaftler aus der ganzen Welt arbeiten dabei zusammen. Wir greifen für den wissenschaftlichen Nachweis auf Methoden zurück, die wir an der Princeton University erstmals nutzten und mit denen wir Tausende Experimente machten: Zufallszahlengeneratoren.

In Spitzenzeiten liefen fast 100 dieser Random Number Generators (RNG) völlig autark und unabhängig voneinander rund um die Uhr in Dutzenden Ländern der Welt. Sie sind unbestechliche Maschinen, die tausendfach pro Sekunde aus zwei Möglichkeiten – den Zahlen 0 und 1 – eine wählen. Die Wahrscheinlichkeit, welches Ergebnis kommt, ist dabei immer 50 zu 50, was mathematisch-statistisch einfach und eindeutig berechenbar ist.

Werfen Sie eine Eineuromünze zweimal, dann ist es durchaus möglich, dass Sie beide Male den Bundesadler sehen. Werfen Sie die Münze aber 2000-mal, werden die Ziffer eins und der Bundesadler gleich oft als Ergebnis erscheinen. Nach diesem Prinzip arbeitet ein Zufallszahlengenerator, nur eben Tausende Male pro Sekunde.

Die Tests zeigen: Jeder Siebte verfügt über außergewöhnliche Fähigkeiten

Was wir in unseren Forschungen an der Princeton University feststellen konnten, war ein Phänomen, das wir in Tausenden Versuchen wissenschaftlich messen, aber nicht erklären konnten: Wenn wir in Experimenten Personen im Abstand von zwei, drei Metern neben den Zufallszahlengenerator setzten und ihnen die Aufgabe stellten zu versuchen, rein durch die Kraft ihrer Gedanken die Ergebnisse dieser Maschine zu verändern, so war jeder Siebte dazu in der Lage.

15 Prozent der Testpersonen schienen demnach über Fähigkeiten zu verfügen, eine solche Maschine zu beeinflussen. Das war ein Ergebnis, das es nicht geben konnte, nicht geben durfte. Denn ein Zufallszahlengenerator ist nach herkömmlichem Verständnis eine Maschine, deren Ergebnisse man nicht durch Gedanken ändern kann. Genau so war es jedoch, wie Sie später noch im Detail lesen werden.

Mehr noch: Es kann durchaus sein, dass jeder Mensch diese Fähigkeiten besitzt, aber viele nichts davon wissen. Sie halten sich zurück, sind unsicher oder wollen eine solche unerklärliche Fähigkeit schlicht nicht zulassen.

Mit dem Global Consciousness Project, das ich 1998 gegründet habe, gingen wir noch einen Schritt weiter: Wir haben weltweit Zufallszahlengeneratoren an unterschiedlichsten Orten in verschiedenen Ländern ohne Bezug zueinander installiert und lassen ihre Daten – reine Zufallszahlen – laufend nach Princeton überspielen. Hier werden sie ausgewertet: mit Ergebnissen, die eindeutig sind, aber eigentlich nicht sein dürften.

Die Ereignisse des 11. März 2020 sind ein ideales Beispiel dafür. Denn die Zufallszahlengeneratoren lieferten mit einem Mal nicht mehr zufällige Ergebnisse: Plötzlich trat eine geheimnisvolle Ordnung ein – was eigentlich unmöglich ist. Die tatsächlichen Ergebnisse wichen signifikant von den zu erwartenden ab: Die einseitige Wahrscheinlichkeit für diesen starken negativen Trend beträgt p = 0,0004. Das entspricht einer Wahrscheinlichkeit von etwa 4 zu 10 000, dass es sich nur um reinen Zufall oder eine zufällige Variation handelt.

An diesem Tag waren Menschen rund um den Globus in ihren Gefühlen vereint. Es verband sie ein tiefes emotionales Erlebnis, wenn auch in diesem Fall kein positives: die Angst, Ungewissheit und Unsicherheit, was die Pandemie für unsere Welt bedeutet. Der Trend begann unmittelbar nach der WHO-Pressekonferenz in Genf und sollte über viele Stunden nachweis- und messbar anhalten. Die Anomalien in den Messdaten waren eindeutig und signifikant. Wir nennen dieses globale Bewusstsein den Welt-Geist.

Es war nicht das erste Mal, dass wir bei Ereignissen, die die ganze Welt betreffen, eindeutige Ergebnisse in unseren Daten erhielten. Wir begannen unsere Forschung im September 1997 mit dem Begräbnis von Lady Diana, bei dem zwei Milliarden Menschen in ihrer Trauer verbunden waren (dieses dramatische Ereignis haben wir in unserem Buch *Der Welt-Geist. Wie wir alle miteinander verbunden sind* ausführlich beschrieben). Seitdem haben wir von jedem Ereignis von globaler, aber auch von nationaler Bedeutung Daten erfasst und bei besonderer Relevanz auch ausgewertet und analysiert. Ob 9/11 2001, die Tsunamikatastrophe im Indischen Ozean 2004, die Wahl Barack Obamas zum Präsidenten 2008, der Tod von Michael Jackson im darauf folgenden Jahr, Donald Trumps Amtseinführung 2017 oder der Hubschrauberabsturz von Kobe Bryant 2020 in Calabasas: Jedes große Ereignis sorgte für eine Abweichung der zu erwartenden Zufallszahlen.

Manche Ereignisse liefern signifikante Daten – wie jene vom 11. März 2020. Bei anderen Ereignissen sind die Daten weniger auffällig. Kombiniert man jedoch die Ergebnisse vieler ähnlicher Tests, ergibt sich eine starke Bestätigung, dass unser Netzwerk von Instrumenten auf das kollektive Bewusstsein reagiert.

Der Sturm auf das Kapitol

Am 6. Januar 2021 stürmte ein aufgebrachter Mob gewaltsam das Kapitol in Washington, das Wahrzeichen der amerikanischen Demokratie. Ziel war es, die formale Anerkennung des Wahlergebnisses der Präsidentenwahl 2020 und damit die Wahl von Joe Biden zum 46. Präsidenten und Kamala Harris zur 49. Vizepräsidentin der Vereinigten Staaten von Amerika durch den Kongress zu verhindern.

Es war ein dramatischer Moment in der Geschichte Amerikas, als ein abgewählter Präsident Zehntausende seiner Anhänger, die sich zum Save America March versammelt hatten, aufforderte, vom Weißen Haus zum Kapitol zu ziehen und gegen die Anerkennung des Wahlergebnisses zu protestieren. So wollte Trump den Kongress veranlassen, die Wahl nicht anzuerkennen. Kurz nach 14 Uhr Ortszeit durchbrach die Menge die Polizeisperren und drang gewaltsam in das Kapitol ein. Fünf Menschen sollten dabei den Tod finden. Die Abgeordneten verbarrikadierten sich in den Büros, der anwesende Vizepräsident Mike Pence wurde evakuiert. Die Randalierer drangen sogar in die Räumlichkeiten der Sprecherin des Repräsentantenhauses, Nancy Pelosi, ein. Zurück blieb ein Bild der Verwüstung.

Der gewaltsame Angriff auf das Zentrum der amerikanischen Demokratie, der weltweit Besorgnis erregte, hinterließ auch im

GCP-Netzwerk tiefe Spuren. Wir haben ein Testereignis für den Zeitraum von sechs Stunden festgelegt, das um elf Uhr begann, als Trump zu seinen Anhängern sprach. Die Daten während dieses Zeitraums zeigen auffällige Abweichungen vom für Zufallszahlen erwarteten Pfad und erreichen eine geringfügig signifikante Gesamtabweichung.

Die Abweichung ist bescheiden im Vergleich zu der extremen und beunruhigenden Natur des Ereignisses, einem historisch einzigartigen Aufstand der amerikanischen Bürger gegen ihre eigene Regierung. Im Zusammenhang von über 20 Jahren Forschung deutet der Befund jedoch eindeutig auf ein Massenbewusstsein hin, das auf den Schock reagiert, einen Mob zu sehen, der die zentrale Institution der ältesten repräsentativen Demokratie der Welt bedroht.

Ein Bild der Daten über einen längeren Zeitraum, einschließlich eines Tages vor und nach der Kundgebung und den Unruhen, bietet einen gewissen Kontext. Der Zeitraum von sechs Stunden, der Trumps Anstiftung, den Marsch zum Kapitol und die Besetzung des Gebäudes darstellt, weist eine starke Steigung auf. Aber die Umgebungsdaten, insbesondere nach diesem Segment, sind sehr variabel, wobei andere Segmente ebenfalls starke Steigungen und Spitzen aufweisen. Die Unruhen ließen nicht sofort nach.

Unsere Forschung am PEAR Lab der Princeton University zielte darauf ab, unerklärliche Phänomene zu untersuchen, die mit dem heutigen Stand der Wissenschaft nicht erklärbar sind. Seit ihrem Beginn waren wir aufgrund der Ergebnisse davon überzeugt, dass es ein globales Bewusstsein geben muss, ein Band, das uns Menschen verbindet. Die Ergebnisse von Tausenden Experimenten, durchgeführt nach strengen wissenschaftlichen Protokollen und penibelst dokumentiert, ließen keinen Zweifel offen.

Wir konnten messen und somit eindeutig nachweisen, dass Menschen allein mit ihren Gedanken, der Intention, unbestechliche Maschinen in ihren Ergebnissen beeinflussen konnten. Der Schluss, den man daraus ziehen muss, ist eindeutig: Wir sind fähig, mit der Kraft unserer Gedanken Materie zu verändern.

Der deutsch-amerikanische Physiker Helmut Schmidt konnte dies als Erster bereits in den 1960er-Jahren nachweisen. Er baute einen eigenen Zufallsgenerator, die nach ihm benannte Schmidt-Maschine. Sie basierte auf dem zufälligen Zerfall der Atome des radioaktiven Elements Strontium. Schmidt erkannte das Phänomen, während er für den Flugzeugbauer Boeing arbeitete, der Zufallszahlengeneratoren im Cockpit einsetzte. Er stellte Abweichungen in den Ergebnissen fest, wenn er bewusst an das Gerät dachte und sich wünschte, dass die Zahlen nicht mehr stimmen.

Schmidt war ein kluger Mann, er lehrte an Universitäten in Kanada, den USA und Deutschland, doch die Zeit war noch nicht reif für seine Erkenntnisse. In der Fachwelt wurde er gern als »Parapsychologe« abgetan. Er besuchte uns zweimal an der Princeton University, und wir konnten sehr rasch feststellen, dass sein experimenteller Ansatz richtig und die Ergebnisse seiner Arbeit glaubhaft und überzeugend waren. Bis zu diesem Zeitpunkt hatte er seine Ergebnisse jedoch nur in kleinen Fachzeitschriften veröffentlicht. Nun war es Zeit für andere Forscher, derartige Experimente durchzuführen, um zu sehen, ob der wissenschaftliche Goldstandard der Replikation erreicht werden kann.

Jeder Mensch hat außergewöhnliche Fähigkeiten – auch Sie

Unsere wissenschaftliche Arbeit am PEAR Lab in einem Grenz-bereich der Wissenschaft war umso bemerkenswerter, als wir an einer der renommiertesten Universitäten der Welt forsch-ten. Princeton brachte 69 Nobelpreisträger[10] hervor, Albert Ein-stein lehrte an der Universität, Alan Turing, der die Grundlage für künstliche Intelligenz schuf, studierte ebenso wie Amazon-Gründer Jeff Bezos oder Ex-Google-CEO Eric Schmidt an unse-rer Universität.

Die Ergebnisse unserer Forschung und die Rückschlüsse, die wir daraus ziehen konnten, sind eindeutig:

- Es gibt ein globales Bewusstsein, das uns Menschen wie ein unsichtbares Band verbindet.
- Wir Menschen haben die messbare – aber mit unseren heutigen wissenschaftlichen Methoden nicht erklärbare – Fähigkeit, Materie durch die Kraft unserer Gedanken, un-sere Intention, zu verändern.
- Unser Bewusstsein ist nicht an das Gehirn gebunden, sondern scheint Teil von etwas Größerem zu sein.
- Unser Bewusstsein wirkt hinaus in die Welt. Die räumli-chen und zeitlichen Distanzen sind dabei irrelevant.
- 15 Prozent der Testpersonen unserer Experimente – das bedeutet jeder Siebte – verfügten über außergewöhnliche Fähigkeiten, Materie durch Gedanken zu beeinflussen.
- Wir gehen davon aus, dass jeder Mensch solche Fähig-keiten besitzt und sich die Verteilung analog zu anderen Fähigkeiten verhält. Ziehen wir als Beispiel Klavierspie-len heran: Es gibt Menschen, die können überhaupt nicht

Klavier spielen, andere üben viel und spielen bestenfalls passabel, wiederum andere sind Naturtalente, und einige wenige sind Genies wie Mozart oder Lang Lang.

Seit wir mit unseren Experimenten begannen, stellten wir uns die Frage, wie man diese Fähigkeiten aktivieren und nutzen kann. Ist dies überhaupt möglich? Unsere Antwort ist eindeutig: Ja, das ist es. Allerdings nicht so, wie wir unsere Fähigkeiten in anderen Bereichen nutzen und verbessern.

Wenn Sie Muskeln aufbauen wollen, um kräftiger zu werden und einen definierteren Körper zu bekommen, gibt es klare Regeln und Prinzipien, die Sie befolgen müssen: Sie trainieren im Idealfall mehrere Stunden täglich mit einem Personal Trainer, der Ihnen einen Trainingsplan mit festgelegten Einheiten für Ausdauer- und Krafttraining erstellt. Sie folgen einer individuellen eiweißhaltigen Ernährung und verzichten auf Zucker, Alkohol und bestimmte Nahrungsmittel. Halten Sie sich strikt daran, werden Sie eine deutliche Veränderung Ihres Körpers erleben.

Wenn Sie Klavierspielen lernen wollen, wird Sie Ihr Lehrer anfangs Tonleitern auf und ab spielen lassen, um Ihre Fingerfertigkeit zu trainieren. Anschließend werden Sie einfache Stücke spielen und je nach Talent kleinere oder größere Fortschritte erzielen.

Wenn es um die außergewöhnlichen Fähigkeiten geht, von denen dieses Buch handelt, funktioniert dieser Ansatz nicht. Sie können sie nicht nach einem klar definierten Schema trainieren.

Wir haben für dieses Buch mit Dutzenden Wissenschaftlern und Experten gesprochen, die sich seit Jahrzehnten mit unserem Bewusstsein und Unbewussten auseinandersetzen. Wir haben Medien interviewt, die außergewöhnliche Fähigkeiten nutzen, und greifen auf die Ergebnisse unserer Studien am PEAR

Lab und des Global Consciousness Project zurück sowie auf jene zahlreicher führender Universitäten.

Daraus geht klar hervor: Die außergewöhnlichen Fähigkeiten zu aktivieren, die in uns ruhen, gelingt nur auf einer ganz anderen Ebene.

2

Die Meditation als Schlüssel

Das Tor zu unseren außergewöhnlichen Fähigkeiten

Sie wirken wie Boten aus einer vergangenen Zeit. Die Sierra Nevada de Santa Marta ist ihre Heimat, eine Bergkette im Norden Kolumbiens, mit dem 5775 Meter hohen Pico Cristóbal Colón im Zentrum. Ein Berg, benannt ausgerechnet nach jenem Mann, der mit seinen spanischen Truppen die Kultur der Tairona, von denen sie abstammen, fast zur Gänze vernichtete: Christoph Kolumbus.

Die Kogi sind eine kleine indigene Ethnie, die in den Tälern des Rio San Miguel und Rio Palomino lebt. Geschätzte 4000 bis 6000 Mitglieder[11] gibt es noch, sie leben in Siedlungen mit Kegeldachhütten, bauen Mais, Kartoffeln, Bananen und süßen Maniok an, halten Hühner und Schweine und kauen am liebsten Kokablätter. Die Kogi betrachten die Sierra Nevada de Santa Marta als heilig, es sei das »Gebirge, wo die Welt begann«[12]. Sich selbst sehen sie als »Hüter der Erde«.

Ihr Leben wirkt, als wäre es vor Hunderten von Jahren stehen geblieben. Ihr Lebensraum auf bis zu 2000 Meter Höhe ist noch immer isoliert, westliche Einflüsse haben für sie keine Bedeutung.

Ihre Zeremonialhäuser, zu denen nur Männer Zutritt haben, stehen an Orten, wo sich solche Bauten bereits seit 4000 Jahren befinden.

Die Vorstellung der Kogi ist, dass am Anfang allein das Bewusstsein *(Aluna)* existierte. Alles ist durch es entstanden. Die spirituellen Führer der Kogi, Mamos genannt, haben eine zentrale Stellung im gesellschaftlichen Gefüge. Spiritualität und Rituale gehören zu ihrem Alltag, sie sind Priester, Lehrer und Heiler in einer Person. Die Berge stellen für sie den Sitz von Geistwesen dar, die Zeremonialhäuser sind Nachbildungen des Kosmos, den sie sich als göttliche Gebärmutter vorstellen, als Uterus der Muttergöttin. Die Erde, die Berge, Häuser und Höhlen sind ein Abbild dieser Gebärmutter.[13]

Ein Ritual als Schulung für das nichtlokale Bewusstsein

Die Kogi verfolgen seit Jahrhunderten ein Ritual, das für uns barbarisch wirken mag. Sie wählen unter den Kindern jene Jungen aus, denen sie besondere Fähigkeiten für nichtlokales Bewusstsein zuschreiben, und bringen sie bereits im Kleinkindalter in eine dunkle Höhle. Hier werden sie nur von Priestern und in Einzelfällen anfangs auch von ihrer eigenen Familie betreut.

Erst nach vielen Jahren dürfen sie die Höhle wieder verlassen, nachdem sie Rituale durchlaufen und in nichtlokalem Bewusstsein geschult wurden. Genau wie die Pythia des Orakels von Delphi, die in veränderten Bewusstseinszuständen ihre Prophezeiungen verkündete. Diese Jungen werden dadurch zu Priestern, den Mamos.

Dieses Ritual der Kogi zeigt, wie manche Kulturen Menschen identifizieren, die begabt sind, sich dem nichtlokalen Bewusstsein zu öffnen. Sie werden in bestimmten Techniken trainiert, ein beabsichtigtes, fokussiertes Bewusstsein zu erreichen und aufrechtzuerhalten. Die daraus gewonnenen Erkenntnisse können genutzt werden, um die Richtlinien der Kultur festzulegen.

Bernardo Mamatacan ist ein Mamo. Es ist nicht sein echter Name, sondern jener, mit dem er Fremden vorgestellt wird. Er ist 104 Jahre alt und schilderte dem Friedens- und Konfliktforscher Lucas Buchholz, der mehrere Monate bei den Kogi verbrachte, sein Schicksal. »Als ich sehr klein war, haben mich die Mamos in die Höhle mitgenommen. Ich bin in der Höhle aufgewachsen. Ich dachte, ich wäre der einzige Mensch auf der Welt«[14], beschreibt Mamatacan seine bis heute prägenden Erlebnisse. In völliger Abgeschiedenheit von seinem Stamm hätten ihn allein die Mamos besucht, sodass er dachte, es gäbe sonst niemand anders auf der Welt. Erst als er bereits älter war, hätten ihn die Mamos in ihre Häuser mitgenommen, stets in der völligen Dunkelheit der Nacht. Bernardo Mamatacan wusste nicht, dass er einen Vater oder eine Mutter hat. Er beschäftigte sich nur mit Energien: »Ich habe nie jemanden gesehen, aber ich habe manchmal gehört, wie die Mamos aus der Ferne zu mir gesprochen haben. Sonst dachte ich nur daran, mehr und immer mehr zu lernen.«[15]

18 Jahre in einer dunklen Höhle

Bernardo Mamatacan verbrachte 18 Jahre seines Lebens in völliger Dunkelheit in einer Höhle. Nur nachts darf ein Mamo aus der Höhle herausgehen, um seine Bedürfnisse zu erledigen, und das nie allein. Wenn der Mond nachts scheint, wird sein Kopf mit einem Korbgeflecht abgeschirmt und so vor Licht geschützt. »Der Mamo kennt das Meer nicht, aber er kennt dessen Geist«, erklären die Kogi. »Er kennt keine Bäume, Steine, Gipfel, Sonne und Planeten, aber er kennt ihre Geister. Er beginnt eine Beziehung mit ihnen, um das Verhältnis aller Dinge zu ergründen.«[16]

Warum macht eine Ethnie so etwas? Warum tut man dies kleinen Kindern an? Bernardo Mamatacan zeigt volles Verständnis dafür und beantwortet die Frage selbst: »In der Dunkelheit sind die Väter und Mütter der Dinge. Alles, was lebendig ist, die Bäume, das Wasser, die Seen, die Steine, sie haben ihre Väter und Mütter, also ihre Gedanken, in der Dunkelheit. Dort lernt man, mit ihnen zu sprechen.«[17] Mamatacan habe sie nicht gesehen, aber sie hätten zu ihm gesprochen und ihm alles erklärt. Die Mamos trugen ihm auf, sich alles gut zu merken, was die »Väter und Mütter des Lebens« ihm erzählen, denn das seien die wahren Dinge.

Die ersten Stimmen, die zu ihm sprachen, hörte Bernardo Mamatacan nach ein bis zwei Monaten in der dunklen Höhle. Auch weitere Mamos sind zur selben Zeit in anderen Höhlen aufgewachsen, wie Mamatacan später erfuhr. Sie waren älter und sollen bereits vor seiner Geburt gewusst haben, dass er in die Höhle geschickt werde. Die Väter und Mütter der Dinge sollen es ihnen mitgeteilt haben, so Mamatacan.[18]

Die Fragen, die man sich – jenseits der moralischen – stellt, wenn man Mamatacans Geschichte hört, sind offensichtlich: Wie kann man 18 Jahre in Dunkelheit überleben? Wieso wird man nicht blind? Woher stammt das Vitamin D, das wir zum Leben brauchen? Aber es sind auch andere, tiefgründigere Fragen, die unweigerlich auftauchen: Ermöglichen Einsamkeit und Dunkelheit das Fokussieren auf ein nichtlokales kollektives Bewusstsein? Stellen sie einen direkten Zugang zu ihm her? Und was

machte das jahrelange Verharren in einer dunklen Höhle mit
Mamatacan? Lucas Buchholz meint, er mache heute nicht den
Eindruck, als hätte er unter dieser Zeit, die seine gesamte Kind-
heit umfasste, gelitten: »Er machte auf mich einen heiteren und
zufriedenen, zuweilen auch kindlich verschmitzten Eindruck.«[19]
Der Forscher traf auf einen rüstigen Mann, der geistig und kör-
perlich fit schien und scheinbar mit Freude über seine langen
Jahre in der Finsternis sprach.

Die Frage ist das Wie

Bei unseren Forschungen an der Princeton University konnten
wir zwar messbare und wissenschaftlich fundierte Ergebnisse für
verschiedenste Phänomene liefern. Was dabei jedoch meist offen
blieb, war die Frage nach dem Wie: Wie sind wir alle miteinander
verbunden? Wie können wir Materie mit unseren Gedanken beeinflussen? Wie können wir Ereignisse wahrnehmen, die erst in
der Zukunft passieren werden? Wie können wir Szenen beschreiben, die sich an Orten ereignen, die Tausende Kilometer entfernt
sind – jetzt, in der Vergangenheit oder in der Zukunft?

Um diese Fragen zu klären, versuchten wir Theorien zu entwickeln, die eine rationale Erklärung möglich machen. Lassen
Sie uns annehmen, dass es ein Bewusstseinsfeld gibt. Es verbindet uns alle miteinander, nicht nur jene, die sich bewusst damit
auseinandersetzen, sondern auch diejenigen, die nichts davon
wissen. Die Existenz eines solchen Bewusstseinsfeldes würde
viele Phänomene erklären, an deren Deutung unsere empirische
Wissenschaft mit ihrer streng materialistischen Sicht bisher
scheitert. Unsere Forschungsergebnisse liefern eine Vielzahl
von Hinweisen, die diese Theorie untermauern.

Oneness – wir sind alle eins

Viele Kulturen kennen ein Konzept der Verbindung als natürliche Ordnung. Sie nennen dies das Einssein: Oneness. So sehen die Kogi die Welt und uns als eins an. Auch zahlreiche religiöse und spirituelle Lehren verfolgen diesen Ansatz. Selbst wenn wir als Individuen zu agieren scheinen, sind wir doch nicht von anderen Kulturen getrennt, sondern vielmehr Teil einer großen Gemeinschaft, die ein tiefes gemeinsames Verständnis verbindet, eine evolutionäre Basis. Wir nehmen diese nicht bewusst wahr, aber sie ist da und lenkt uns in bestimmte Richtungen. Sie ist nicht mit unserem physischen Körper verbunden, sondern vielmehr mit unserem Bewusstsein.

Was die Kogi praktizieren ist eine – wenn auch sehr eigenwillige, um nicht zu sagen radikale – Form der Meditation. »Wenn wir annehmen, dass es ein Bewusstseinsfeld gibt, das uns verbindet, so ist dies ein Informationsphänomen, und die Realität baut auf einer Informationsarchitektur auf«, versucht Bewusstseinsforscher Stephan A. Schwartz das Phänomen in einem Gespräch mit uns zu deuten.

Die meiste Zeit über ist unser Bewusstsein von den sensorischen Impulsen überwältigt, die sich aus unserer neuronalen Anatomie ergeben: Es ist heiß oder kalt, hell oder dunkel. Es riecht gut oder nicht, Lärm dringt in unser Ohr. All diese Sinneswahrnehmungen überwältigen den nichtlokalen Aspekt unseres Bewusstseins und lenken uns ständig ab. Unser Bewusstsein ist immer da – aber wir haben keinen Zugang zu ihm.

Meditation oder Stille, wie es manche Religionen nennen, ist die Fähigkeit, beabsichtigt und fokussiert unser Bewusstsein zu erreichen und diese Verbindung aufrechtzuerhalten. Der normale sensorische Input, der uns die ganze Zeit überflutet, tritt dann in den Hintergrund. Das Bewusstsein macht einen Schritt nach vorne. Das passiert mit Menschen, die meditieren, aber auch mit solchen, die Ereignisse in der Ferne wahrnehmen, wobei Zeit und Raum anscheinend nicht relevant sind. All diese spirituellen Praktiken sind im Wesentlichen darauf ausgerichtet, einen Zugang zum nichtlokalen Bewusstsein zu ermöglichen.

Meditation ist der Schlüssel zu außergewöhnlichen Fähigkeiten

Der wichtigste Schlüssel, uns unserer außergewöhnlichen Fähigkeiten bewusst zu werden und aktiven Zugang zu ihnen zu bekommen, ist die Meditation. Denn bei allen Forschungen, die jemals zu diesem Thema durchgeführt wurden – sei es am PEAR Lab oder an zahlreichen weiteren Universitäten –, schnitten Meditierende routinemäßig besser ab als Nichtmeditierende.

Aus diesem Grund empfehlen wir Ihnen, sich in der Meditation zu üben. Es ist dabei zunächst unwichtig, um welche Art es sich handelt. Wir werden Ihnen in diesem Buch verschiedene Möglichkeiten zeigen, wie Sie einfach in die Thematik einsteigen können. Die Meditation zielt im Kern darauf ab, eine Art Technik zu entwickeln, um ein beabsichtigtes, fokussiertes Bewusstsein zu erreichen und aufrechtzuerhalten.

Das kann zum Beispiel durch ein hinduistisches Mantra erfolgen. Gehen wir von einem universalen Bewusstseinsfeld aus, ließe sich damit erklären, warum es funktioniert: Menschen, die das Mantra seit Hunderten von Jahren verwenden, haben dadurch eine Informationsarchitektur geschaffen, die dieses Mantra darstellt. Wenn Sie sich darauf einlassen – so unsere

Theorie –, verbinden Sie sich mit dieser Informationsstruktur und öffnen sich leichter dem nichtlokalen Bewusstsein.

Am Anfang der großen Weltreligionen steht die Bewusstseinserfahrung eines Einzelnen

Wenn wir die großen Weltreligionen betrachten, erkennen wir: An ihrem Anfang stand eine einzelne Person, die eine nichtlokale Bewusstseinserfahrung machte. War sie charismatisch genug und hatte das, was sie sagte, für die damalige Kultur Bedeutung, hörten die Menschen ihr zu.

Jesus von Nazareth wurde mit 30 Jahren von Johannes dem Täufer im Jordan getauft: »Und sogleich, als er aus dem Wasser stieg, sah er, dass der Himmel aufriss und der Geist wie eine Taube auf ihn herabkam.«[20] Er wurde vom Geist in die Wüste geführt, wo er 40 Tage blieb und fastete. Er meditierte – und erwachte.

Buddha entstammte dem Geschlecht der Shakya, wurde als Königssohn Siddhartha geboren, legte aber alle Ämter ab und endete nach einer Reihe von Askesen und Meditationen als religiöser Lehrer. Im 29. Lebensjahr unternahm er vier Ausfahrten aus dem Palast und sah erstmals einen Greis, einen Fieberkranken, einen Leichnam und schließlich einen Asketen. Dies veranlasste ihn dazu, sein Haupt zu scheren und sich auf den Weg zu machen, um Alter, Krankheit und Tod zu überwinden. Er suchte berühmte Lehrer auf, zog sich aber schließlich gemeinsam mit fünf weiteren Asketen für sechs Jahre aus dem Leben zurück, fastete, magerte bis auf die Knochen ab und meditierte. Schließlich fasste er den Entschluss, so lange zu meditieren, bis er die Erkenntnis der Überwindung von Krankheit, Alter und Tod erlangt habe. Unter einem Pappelfeigenbaum begann er eine 49-tägige Meditation, die ihn zur endgültigen Erleuchtung führte.[21]

Der Prophet Mohammed hatte seine erste Offenbarung im Jahr 610 n. Chr. Damals begann er in den steinigen Bergen um Mekka zu meditieren und Träume zu sehen, die sich bewahrheiteten. Spät in der Nacht des heiligen Monats Ramadan kam ihm die Offenbarung, als Mohammed allein in einer Höhle auf dem Berg Hira war: »Dort wurde er vom Engel der Offenbarung überrascht, Gabriel, derselbe Engel, der auch zu Maria gekommen war, der Mutter von Jesus. Er ergriff ihn. [...] Die erste Rezitation des Koran wurde ihm offenbart.«[22] Dies war der Beginn der Geschichte von »Gottes letzter Offenbarung an die Menschheit bis zum Ende der Zeit«.[23]

Es ist verblüffend, wie sich die Erlebnisse, die am Anfang der großen Weltreligionen stehen, gleichen. Und das, obwohl sie in ihrer Geschichte und dem historischen und kulturellen Umfeld nicht gegensätzlicher hätten sein können.

Selbst Joseph Smith, Gründer der Kirche Christi, besser bekannt als Mormonen, erzählte, ihm seien 1820 als Antwort auf ein Gebet im Wald Gott und sein Sohn Jesus Christus erschienen: »Heller als das Licht der Sonne, eine Säule aus Licht, die allmählich herabkam, bis sie auf mich fiel. [...] Als das Licht auf mir ruhte, sah ich zwei Personen von unbeschreiblicher Helle und Herrlichkeit über mir in der Luft stehen.«[24] Dieser »Ersten Vision« folgte drei Jahre später die Erscheinung eines himmlischen Wesens, ein Bote Gottes mit dem Namen Moroni. Er überbrachte Smith Gottes Auftrag, ein Buch aus Goldplatten zu übersetzen: das immerwährende Evangelium. Obwohl er 1926 wegen »Unruhestiftung« und »Hochstapelei« verurteilt wurde, beharrte er auf seinen Schilderungen. 1830 erschien das Buch Mormon, und Smith gründete seine Kirche.[25]

Die Rituale der großen Religionen gleichen sich

Doch nicht nur die Entstehung der Religionen ist ähnlich, auch ihre Rituale sind es. Denn sie alle benötigen einen besonderen, heiligen Ort der Begegnung und eine bestimmte Zeit, zu der die Gläubigen zusammenkommen, um sich mit dem Göttlichen zu verbinden. So gehen sie beispielsweise zum Freitagsgebet in die Moschee, am Sabbat zur Thoralesung in die Synagoge oder zum Sonntagsgebet in die Kirche.

Diese Orte verbindet eine besondere Kraft, die von den Gläubigen der jeweiligen Religionen auch immer wieder als solche beschrieben wird. Wer jemals im Petersdom in Rom stand, in der al-Harām-Moschee in Mekka oder im Mahabodhi-Tempel in Bodhgaya, kennt dieses Gefühl.

Es ist aber nicht nur die Architektur dieser heiligen Orte, die überwältigend ist. Auch in einer kleinen Kirche oder einem Tempel kann man ähnliche Erfahrungen machen. Verschiedene Studien legen den Schluss nahe, dass das hier wirkende fokussierte Bewusstsein der Menschen – die kollektive Intention, die Individuen seit zum Teil Jahrhunderten an diesen Orten verbindet – dafür verantwortlich ist, solche heiligen Orte erst entstehen zu lassen.

Der Petersdom in Rom oder die Kathedrale von Chartres waren vom Moment ihrer Konzeption an als numinose Orte geplant – Orte, die spirituelle oder religiöse Gefühle wecken und eine göttliche Präsenz beinhalten. Wenn Millionen Menschen in den letzten Jahrhunderten an diesen Orten gebetet und spirituelle Erfahrungen gemacht haben, hat ihr intentionales fokussiertes Bewusstsein diese Plätze noch viel numinoser gemacht und etwas erzeugt, das sich am besten als eine Art Kraftort beschreiben lässt.

Jede Zeremonie beginnt mit einer Erklärung der gemeinsamen Absicht. Bei der römisch-katholischen Kirche ist es das

Glaubensbekenntnis. Dann wird gesungen, musiziert, getanzt, getrommelt. Das stärkt die gemeinsame Absicht. In dieser Phase kann es auch vereinzelte nichtlokale Bewusstseinserfahrungen von Mitgliedern der Gruppe geben. Schließlich endet das Ritual mit einer sozialen und kollektiven Übereinstimmung und einem finalen Bekenntnis.

Mit den Werkzeugen, die zur Untersuchung des Gruppenbewusstseins entwickelt wurden, können wir die Bedeutung von Ritualen in bemerkenswerter Weise bestätigen. Während einer Tour durch alte heilige Stätten in Ägypten mit einer Gruppe, die sich der Nachahmung spiritueller Praktiken verschrieben hat, besuchten wir Tempelruinen und sammelten kontinuierlich Daten mit Zufallszahlengeneratoren. Dabei wurden Momente der Meditation und des Gesangs dokumentiert. In sechs von sieben Tempeln fanden wir auffällige Abweichungen der Daten.

Im siebten, dem Tempel von Philae, der der Isis geweiht ist, konnten wir nichts Ungewöhnliches feststellen. Später erfuhren wir, dass die Ruinen von Philae eine wunderschöne Rekonstruktion sind – der Tempel selbst wurde Stein für Stein bewegt, um ihn vor Überschwemmungen durch das Wasser des Assuan-Staudamms zu bewahren. Wie unser ägyptischer Führer es ausdrückte, befand sich der Tempel nicht mehr an dem Ort, den die Götter für ihn ausgewählt hatten.

Was die Neurotheologie zu Glauben und Meditation sagt

Der amerikanische Hirnforscher und Religionswissenschaftler Andrew Newberg von der Thomas Jefferson University and Hospital in Philadelphia hat es sich zur Aufgabe gemacht, religiöses und spirituelles Empfinden mit den Methoden der Neurobiologie zu erforschen und zu interpretieren. Ein Schwerpunkt seiner Arbeit ist die Untersuchung der Meditationserfahrung, des Gebets, religiöser Rituale und von Tranceerfahrungen mit bildgebenden Verfahren wie Gehirnscans. Er wurde so zum wichtigsten Vertreter der Neurotheologie.

Newberg analysierte unter anderem die Veränderungen des zerebralen Blutflusses im Gehirn während der Meditation und des Gebets franziskanischer Nonnen, die eine bestimmte Phrase stetig wiederholten. Die Ergebnisse verglich er mit jenen von acht buddhistischen Mönchen, die ebenfalls meditierten, aber eine Art Visualisierungstechnik anwandten. Bei den Mönchen stellte Newberg während der Meditation mittels Einzelphotonen-Emissionscomputertomografie (SPECT) eine verminderte Aktivität im Parietallappen fest. Dieser Bereich des Gehirns ist dafür verantwortlich, uns ein Gefühl für räumliche und zeitliche Orientierung zu geben.

Newberg geht davon aus, dass das Blockieren aller sensorischen und kognitiven Eingaben in diesem Gehirnareal während der Meditation mit dem Gefühl der Raum- und Zeitlosigkeit verbunden ist, wie es von Meditierenden oft beschrieben wird. Der vordere Teil des Gehirns, der an der Fokussierung von Aufmerksamkeit und Konzentration beteiligt ist, war während der Meditation aktiver. Newberg deutet dies dahingehend, dass Meditation ein hohes Maß an Konzentration erfordert.[26]

Den Nonnen wurde HMPAO (Hexamethylpropylenaminoxom) intravenös injiziert, ein Kontrastmittel, das die Blut-Hirn-Schranke durchdringt und proportional zur Durchflussrate in das Gehirngewebe aufgenommen wird. Die HMPAO-Verteilung wurde anschließend durch ein nuklearmedizinisches Verfahren gemessen. Die Scans während des Gebets zeigten im Vergleich zur

Ausgangssituation eine erhöhte Aktivität in den Frontallappen (9,0 Prozent) wie auch bei den buddhistischen Mönchen, jedoch darüber hinaus auch eine erhöhte Aktivität im unteren Parietallappen (6,8 Prozent), der für Sprache verantwortlich ist. Da die Nonnen mit Worten beteten, ist dies plausibel.[27] Die Studie zeigte eindeutig, dass während der Meditation mehrere koordinierte kognitive Prozesse im Gehirn auftraten. Beide Gruppen zeigten eine verminderte Aktivität im Orientierungsbereich des Gehirns.

Andrew Newberg konnte damit eindeutig belegen, dass Gebet und Meditation die Aktivität unseres Gehirns verändern. Seine Forschung zeigt, dass Überzeugungen auf vier Schlüsselkomponenten basieren: Wahrnehmungen, Emotionen, Erkenntnisse und soziale Interaktionen. Sie alle sind eng miteinander verbunden. »Unsere Überzeugungen beginnen sich in dem Moment zu entwickeln, in dem wir geboren werden, und wir sind vorprogrammiert, auf bestimmte Weise zu glauben. Das Gehirn braucht auch Überzeugungen, damit wir überleben können«[28], sagt Newberg. Sie sind Anker in unserem Leben, auf die wir uns verlassen können.

Spannend ist ein Experiment Newbergs mit einem atheistischen Langzeitmeditierenden. Seine Aufgabe bestand darin, über Gott zu meditieren. Die Ergebnisse waren gänzlich anders als bei den Nonnen und Mönchen: Bei den Frontallappen gab es keinen signifikanten Anstieg, es trat keine Veränderung ein. Der Atheist glaubte nicht an Gott. War er deshalb nicht in der Lage, wesentliche Gehirnregionen zu aktivieren, wie es die Nonnen und Mönche konnten?

Letztendlich ist das Gehirn eine Komponente. Wir können damit versuchen, Fragen über unsere außergewöhnlichen Kräfte zu stellen, über Gott, unsere Existenz und das Universum. Aber ob das, was wir Gott nennen, tatsächlich existiert oder nicht, kann die Neurotheologie ebenso wenig beantworten wie andere Wissenschaften. Es ist manchmal überraschend, wie wenig die Wissenschaft heute tatsächlich weiß. Betrachtet ein Mensch ein Bild einer Wiese voller Blumen, während ein Gehirnscan gemacht wird, lässt sich durch die bildgebenden Verfahren erkennen, dass verschiedene Bereiche des Gehirns aktiviert werden, darunter der visuelle Cortex. Aber ob da draußen tatsächlich eine Blumenwiese zu finden ist oder die Person sich das Bild nur in ihrem eigenen Kopf vorstellt, kann uns der Gehirnscan nicht sagen. Wir erschaffen Realität in unserem Kopf, ohne zu wissen, was tatsächlich real ist.

Andrew Newberg und andere Wissenschaftler, darunter Mark R. Waldman vom Center for Spirituality and the Mind der University of Pennsylvania, haben wichtige Erkenntnisse über Religion, Meditation und Gott sowie die Art, wie unser Gehirn damit umgeht, gewinnen können. So hat sich gezeigt, dass die Temporallappen des Gehirns wichtig für religiöse und spirituelle Erfahrungen sind. Es konnte nachgewiesen werden, dass der Hippocampus und die Amygdala besonders an der Entstehung von tiefgreifenden Erfahrungen, Visionen, aber auch Erinnerungen und Meditation beteiligt sind.[29]

Aus biologischer und evolutionärer Sicht sind zwei wesentliche Funktionen des Gehirns die Selbstwartung – darunter das laufende »Löschen« von Information, die für uns nicht relevant ist, und das Ordnen in verschiedenen Formen des Gedächtnisses – und die Selbsttranszendenz im Sinne von Viktor Frankl: Menschsein verweist immer über sich selbst hinaus auf etwas, das es nicht selbst ist: auf etwas oder auf jemanden, auf einen Sinn, den ein Mensch erfüllt, oder auf mitmenschliches Sein, dem er begegnet.

Wenn jedoch unser Bewusstsein nicht im Gehirn entsteht, wovon wir überzeugt sind – und viele Forschungen wie zu Nahtoderlebnissen liefern Beweise dafür –, dann kann die Aufgabe des Gehirns auch nur darin bestehen, eine Art Hardware zu sein, während die Software, das Bewusstsein, in einem Bewusstseinsfeld liegt, einer Art Cloud.

Wie bereits erwähnt, zeigen die experimentellen Daten, dass Meditierende bei praktisch allen Studien zu außergewöhnlichen Fähigkeiten, wie beispielsweise Fernwahrnehmung, signifikant besser abschneiden als Nichtmeditierende. Menschen, die meditieren, erreichen ein beabsichtigtes fokussiertes Bewusstsein eher und können dieses leichter aufrechterhalten als andere. Dieses intentionale fokussierte Bewusstsein ist der Schlüssel, sich dem nichtlokalen Bewusstsein zu öffnen, sei es in einem religiösen oder wissenschaftlichen Kontext.

In der Wissenschaft bewerten wir das nichtlokale Bewusstsein nicht durch Glauben, sondern auf objektiv überprüfbare Weise durch Protokolle und Messungen. Ob Wissenschaft oder Religion: Das Erleben eines nichtlokalen Bewusstseins ist die grundlegende Erfahrung.[30]

Unsere Realität wird verändert

Wie machen wir uns also auf die Reise zu unseren ungeahnten außergewöhnlichen Fähigkeiten? Eine Zeit wie diese, wo die Welt stillzustehen scheint, ist ideal dafür, den ersten Schritt zu tun. »Das Coronavirus verändert die Realität der Menschen«, erklärt uns Bewusstseinsforscher Stephan A. Schwartz von der Saybrook University in Kalifornien in einem Interview. »Es synchronisiert uns. Immer mehr erkennen, was Bewusstsein ist.

Wir leben in einer Bewusstseinsmatrix und müssen dies einse-
hen und Technologien entwickeln, die unser Wohlbefinden auf
allen Ebenen unterstützen. Die einzig wirklich praktikable Art,
die jetzt Erfolg verspricht, besteht darin, das Wohl des Einzelnen, der Familie, der Gemeinschaft, des Staates, der Nation und
des Planeten selbst zu fördern.«

Tatsächlich erleben wir eine Zäsur, einen Umbruch gigantischen Ausmaßes in einer Form, die nicht nur unseren Alltag beeinflusst, sondern auch unser Bewusstsein. Unser Leben wird
durch ein Virus gleichgeschaltet, ebenso unser Verhalten und in
gewissem Maße auch unser Denken und Bewusstsein. Wir tragen Masken, halten Abstand voneinander, vermeiden physische
Nähe, arbeiten von zu Hause aus, sind vorsichtig, zum Teil
ängstlich, zunehmend skeptisch.

Während wir an der Princeton University und beim Global
Consciousness Project die Synchronisation unseres Bewusstseins und unserer Emotionen durch ein unsichtbares Band
untersucht haben, erleben wir jetzt tagtäglich die reale Gleich-
schaltung unseres Handelns.»Diese Pandemie ist erst der Anfang«, glaubt Schwartz.»Da der Klimawandel die Umwelt verändert, werden Viren und Bakterien mutieren, um sich den neuen
Umständen anzupassen, und wir werden keine Verteidigung dagegen haben. Diese Mutationen von Viren werden enorme Auswirkungen auf unser Leben haben. Darauf sind wir völlig unvor-
bereitet.«

Die Meditation als erster Schritt

Beginnen Sie also mit Meditation – sofern Sie es nicht schon getan haben. Falls Meditation Neuland für Sie sein sollte, möchten wir Ihnen hier eine erste kleine Anleitung für den Einstieg geben. Es gibt die unterschiedlichsten Arten und Formen der Meditation. Sie können Sie lehren, auf nichtlokales Bewusstsein zuzugreifen. Das erfordert eine besondere Achtsamkeit und ist vor allem eine Frage des Fokus. Meditation bringt Ihnen bei, sich zu fokussieren und zu konzentrieren, während Sie einen Zustand der Entspannung aufrechterhalten. Wir bezeichnen den Geisteszustand, in dem man auf nichtlokales Bewusstsein Zugriff hat, daher als beabsichtigtes fokussiertes Bewusstsein (Intentioned Focused Awareness). Es ist entscheidend für die Öffnung zu einem unbekannten, transzendentalen Teil Ihres Ichs.

Die PubMed-Datenbank der National Library of Medicine listet 7552 Studien zum Thema Meditation auf.[31] Sie zeigen, dass regelmäßiges Meditieren eine Vielzahl von positiven Auswirkungen auf den Körper hat: Der Blutdruck wird etwas gesenkt, man schläft besser und fühlt sich weniger gestresst. Daneben hat es auch einen positiven Effekt auf die mentalen Fähigkeiten, auf Kognition und Epigenetik, es stärkt das Immunsystem und steigert die Fähigkeit, sich zu konzentrieren.

Die Schwierigkeit für viele Menschen in der modernen Welt besteht darin, dass traditionelle Meditationsmethoden in einer Zeit entwickelt wurden, die sich stark von der heutigen mit ihrem rasanten Rhythmus unterscheidet. »Das größte Geschenk, das Sie sich selbst machen können, ist die tägliche Übung der Meditation«, sagt Bewusstseinsforscher Schwartz. »20 Minuten am Tag verändern Ihr Leben in einer Art und Weise, die Sie sich selbst nicht vorstellen können.«[32]

In vielen religiösen und spirituellen Traditionen, allen voran im Buddhismus und Hinduismus, aber auch im Christentum, spielt Meditation eine zentrale Rolle. Es hat einen Grund, warum Menschen seit Jahrtausenden meditieren.

 Das Einmaleins der Meditation

Auch ohne Vorkenntnisse können Sie mit den folgenden Schritten leicht in die Meditation einsteigen:

- Suchen Sie sich einen ruhigen, bequemen Ort. Sie können sich auf einen Stuhl setzen, eine Couch oder ein Kissen. Manche meditieren im Liegen; es gibt auch aktive Meditationsformen wie Kundalini- oder Gehmeditation.
- Schalten Sie alles ab, was Sie stören kann, wie zum Beispiel Ihr Smartphone.
- Nehmen Sie eine aufrechte Körperhaltung ein. Richten Sie Ihre Wirbelsäule sanft auf, sodass Sie sich gut fühlen. Ihre Hände können Sie bequem in den Schoß oder auf die Knie legen.
- Schließen Sie nun Ihre Augen.
- Beginnen Sie tief ein- und auszuatmen. Atmen Sie durch die Nase ein und durch den Mund aus. Verlangsamen Sie Ihre Atmung.
- Beobachten Sie Ihren Atem, wie er ein- und ausströmt. Wenn Ihre Gedanken abdriften, kehren Sie mit der Aufmerksamkeit wieder zum Atmen zurück.
- Lassen Sie all Ihre Vorstellungen los, was passieren kann oder soll. Lassen Sie es einfach geschehen, ohne es zu bewerten. Beobachten Sie Ihren Geist.

- Ihre Willenskraft spielt bei der Meditation keine Rolle. Der Versuch, durch Willenskraft nicht mehr zu denken oder sich verkrampft auf die Atmung zu konzentrieren, misslingt zwangsläufig. Meditation hilft, einen Abstand zu Ihren Gedanken zu gewinnen. Wie gesagt: Lassen Sie alles einfach geschehen, ohne zu intervenieren.

- Stellen Sie sich vor, wie ein Lichtstrahl Sie von oben durchdringt. Er füllt Ihren Körper mit Licht auf, von der Fußsohle bis zum Kopf.

- Lassen Sie das Gefühl der Dankbarkeit in sich entstehen. Wofür sind Sie dankbar? Lassen Sie die Antworten kommen.

- Die Länge der Meditation liegt ganz bei Ihnen. Manche fangen mit 10 Minuten pro Tag an, andere mit 20 Minuten oder mehr. Schon 5 achtsame Minuten am Tag können Sie und vieles in Ihrem Leben verändern.

- Haben Sie keine besonderen Erwartungen, wenn Sie beginnen zu meditieren. Warten Sie nicht auf spirituelle Erlebnisse, Erweckungen oder Visionen. Vielleicht spüren Sie die ersten Male gar nichts. Aber Meditation wirkt – darauf dürfen Sie vertrauen. Je regelmäßiger Sie meditieren und je weniger Sie über die Ergebnisse nachdenken, desto besser.[33]

- Betrachten Sie Meditation nicht als Technik, sondern als eine Geisteshaltung und Möglichkeit, Achtsamkeit einzuüben.

3

Die Kraft
unserer Gedanken

Fernwahrnehmung als natürliche Fähigkeit

Das 28-seitige Dokument trägt die Kennziffer CIA-RDP96-00787R000500410001-3[34] und wurde mit Schreibmaschine verfasst. Auf der ersten Seite oben steht groß in einem schwarzen Balken das SRI-Logo des Stanford Research Institute im kalifornischen Menlo Park. Über viele Jahre hinweg bekamen nur wenige den Inhalt zu sehen, nachdem es verfasst wurde. Denn es wurde sofort als »geheim« eingestuft. Alle an der Entstehung beteiligten Personen, insbesondere die Wissenschaftler, durften über den Inhalt nicht sprechen.

Erst Jahrzehnte später hat es die CIA, der Auslandsgeheimdienst der USA, zur Veröffentlichung freigegeben. Das Dokument mit dem Titel *Remote Viewing of Natural Targets* (dt. *Fernwahrnehmung von natürlichen Zielen*) beinhaltet Teile der Ergebnisse von einer der unglaublichsten Forschungsreihen, mit der sich das SRI in seiner über 75-jährigen Geschichte befasst hat. 1946 von der Stanford University gegründet, hat es bis heute nicht nur über 4000 Patente hervorgebracht, sondern auch Entwicklungen, die Hunderte Milliarden an US-Dollars eingespielt haben – von der Computermaus über die Spracherkennung SIRI von Apple bis zur künstlichen Intelligenz und Roboterchirurgie. Das Ziel des SRI war immer, praktische Anwendungsmöglichkeiten für bahnbrechende Erkenntnisse wissenschaftlicher Forschung zu schaffen.

Die Autoren der Studie waren Russell Targ und Harold Puthoff. Targ war damals Ende 30, ein renommierter Physiker mit einem klaren Ziel: bisher unbekannte und unmöglich erscheinende Phänomene mit wissenschaftlichen Mitteln zu beweisen. Sein Vater, William Targ, war Herausgeber und Verleger von World Publishing Company und arbeitete schließlich für GP Putnam's Sons, wo er für 5000 US-Dollar die Rechte an Mario Puzos Roman *The Godfather* (dt. *Der Pate*) erwarb – bis heute als Buch und Film ein Welterfolg.

William Targ interessierte sich mit journalistischer Neugier für die Welt des Paranormalen. Bei Putnam verlegte er mehrere Werke zu diesem Thema, wie beispielsweise die Biografie der russischen Philosophin Helena Blavatsky, die 1875 die Theosophische Gesellschaft gründete. Ihre fundamentale Annahme war, dass in einem Universum ohne Anfang und Ende alles Existierende durch ein kosmisches Bewusstsein miteinander verbunden ist. William Targ war es, der seinem Sohn Russell das Interesse an Phänomenen, die sich mit unserem heutigen Erkenntnisstand nicht rational erklären lassen, vermittelte.

Mit Russell Targs Forschung nahm alles seinen Anfang

Russell Targ studierte Physik, machte seinen Bachelor of Science am Queens College in New York und forschte an der Columbia University. Zusammen mit der Technical Research Group und dem Physiker Gordon Gould forschte er an den Grundlagen, die schließlich zur Entwicklung des Lasers führen sollten. Durch seine wissenschaftliche Arbeit, speziell im Bereich der Frequenzmodulation, trug er maßgeblich zur Entwicklung der modernen Lasertechnologie bei. Targ ist und war immer Wissenschaftler, kein Esoteriker. Aber er widmete sich schon damals Grenzbereichen der Wissenschaft, von denen andere lieber die Finger ließen.

Sein Kollege Harold Puthoff promovierte in Elektrotechnik an der Stanford University. Er erfand abstimmbare Laser; sein 1969 veröffentlichtes Buch *Fundamentals of Quantum Electronics* gehört bis heute zu den tausendfach zitierten Standardwerken auf diesem Gebiet. Er war schon damals bekennender Scientologe.

Die Forschungsarbeit von Russell Targ und Harold Puthoff war die Initialzündung für die wissenschaftliche Auseinandersetzung mit unerklärbaren Phänomenen wie Fernwahrnehmung und einem globalen Bewusstsein.

Russell Targ ist heute Mitte 80, sein Haar ist ergraut, aber sein Verstand ist messerscharf, seine Erinnerung pointiert und exakt. Er lehnt sich zurück und greift zu einer Tasse Tee, während er via Zoom mit uns spricht. Wir wollen von ihm mehr über die Ergebnisse, Rückschlüsse und Folgen seiner Forschung wissen. Denn was diese noch spannender macht: Sie wurde über zwei Jahrzehnte lang von zahlreichen US-Geheimdiensten unterstützt, gefördert und finanziert. »Wir hatten ein 20 Jahre laufendes Programm für die DIA*«, erinnert sich Targ an die Zeit zurück, als seine Forschung noch geheim war. Er richtet seine rahmenlose Brille: »In Wahrheit haben wir 20 Jahre für jeden Geheimdienst in den USA gearbeitet. Arbeiten von uns wurden später in *Nature* veröffentlicht, dem renommiertesten

---

* Defense Intelligence Agency, ein militärischer Nachrichtendienst der USA

Wissenschaftsmagazin der Welt. Unsere Arbeit lief von 1972 bis 1995, die Regierung hat unsere Forschung finanziert, und das hätte sie nicht, hätten wir nicht nützliche Ergebnisse produziert. Das sind sehr starke Beweise für die Qualität unserer Forschung.«

Es war 1972, als Targ als leitender Physiker in das von Harold Puthoff gegründete Labor für Elektronik und Bioingenieurwesen am SRI eintrat. Als beide mit ihrer Forschung begannen, wollten sie Folgendes erforschen und vor allem beweisen: Der Mensch verfügt über die Fähigkeit, Gedanken anderer auch über große Distanz wahrzunehmen und Orte, Situationen oder Ereignisse zu erkennen, die eine andere Person gerade erlebt oder in Zukunft erleben wird.

Auf Basis des damaligen Forschungstands war das ein Ding der Unmöglichkeit. Und doch wiesen Versuche und Experimente, die in der Sowjetunion ihren Anfang nahmen und dort finanziell stark unterstützt wurden, darauf hin, dass dies vielleicht doch möglich sein könnte.

Es war die Zeit des Kalten Krieges, als die Welt in die NATO-Staaten unter Führung der USA und den Warschauer Pakt mit den Ostblockstaaten unter Führung der Sowjetunion aufgeteilt war. Warum hatten damals gerade Geheimdienste ein so großes Interesse an der Fernwahrnehmung? Weil Agenten und Spione so einerseits Informationen ohne Nutzung von Funk, Telefon oder sonstiger Hilfsmittel übermitteln könnten. Andererseits, weil der damalige Feind im Kalten Krieg vielleicht bereits Personen mit solchen Fähigkeiten einsetzte und es galt, sie zu enttarnen und zu identifizieren.

In ihrer Studie *Fernwahrnehmung von natürlichen Zielen* fassten Targ und Puthoff ihre Erkenntnisse aus einer Reihe von Experimenten zusammen. Ein Proband wurde dabei gebeten, einen Ort zu beschreiben, der von anderen ausgewählt wurde und ihm unbekannt war. Die Idee war zu testen, ob natürliche geografische Orte, die seit langer Zeit existieren, wirksamere und erfolgversprechendere Ziele für paranormale Wahrnehmungsexperimente sind als künstliche Ziele, die im Labor festgelegt werden. Die Probanden waren Ingo Swann und Pat Price.

Ingo Swann, ein bildender Künstler, hatte den Ruf, über außergewöhnliche Fähigkeiten zu verfügen: »Er war der Vater der modernen Fernwahrnehmung«, sagt Russell Targ heute. Ziel der ersten Experimente war zu beweisen, dass ein Proband nur anhand der geografischen Koordinaten einen Ort beschreiben kann, ohne ihn zu kennen oder jemals dort gewesen zu sein. Targ und Puthoff nannten diese Experimente Controlled Remote Viewing.

Pat Price wiederum war ein kalifornischer Polizeibeamter, der anhand von Unterlagen, die ihm die CIA zur Verfügung stellte, Wahrnehmungen von Einrichtungen hinter dem Eisernen Vorhang, den sowjetischen Linien, abrufen konnte – so schien es zumindest in den Experimenten.

Besagtes Dokument mit der Geheimdienstkennzeichnung CIA-RDP96-00787R000500410001-3 beschreibt, welche Versuche Targ und Puthoff konkret vornahmen. Sie führten zunächst eine Doppelblind-Pilotstudie durch, in deren Rahmen Mitarbeiter des SRI wahllos Ziele auf der ganzen Welt aussuchten. Experimente dieser Art bestehen aus einem Perzipienten oder Empfänger, dessen Aufgabe es ist, die außersinnliche Wahrnehmung zu haben und zu beschreiben, und einem Agenten, der diese Situation real erleben sollte – oft erst in der Zukunft, also auch Tage später. Die Mitarbeiter des SRI übernahmen die Agentenrolle.

Das Ergebnis schien überzeugend zu sein. Nach Einschätzung des Forscherteams zeigte die Fähigkeit von Swann, bestimmte Details von Gebäuden, Straßen, Brücken und anderen Objekten korrekt zu beschreiben, dass er entfernte Orte – manchmal sehr detailliert – nur aufgrund ihrer geografischen Koordinaten wahrnehmen konnte.

Also starteten sie ein eigenes Forschungsprogramm für Fernwahrnehmung in der San Francisco Bay. Dabei variierten sie das Umfeld: So setzten sie den Empfänger beispielsweise ins Freie, in einen doppelwandigen faradayschen Käfig aus Kupfer zur elektrischen Abschirmung oder in ein Büro. Der Zielort mit seinen Koordinaten wurde aus der Reihe aller Möglichkeiten zufällig ausgewählt; ein SRI-Team wurde parallel dazu mit dem Auto zum Zielort geschickt, ohne mit Price oder den anderen Mitwirkenden am Experiment sprechen zu dürfen. Das SRI-Team blieb für 30 Minuten am Zielort und dokumentierte, was es dort sah, während Price auf Tonband den Ort beschrieb. Damals gab es keine Smartphones, kein Internet, kein Google Earth – nichts, womit man sich ein Bild eines solchen Ortes kurzfristig hätte verschaffen können.

Das Ergebnis war eindeutig: Etliche Beschreibungen ergaben signifikant korrekte Daten, die sich direkt auf den Zielort beziehen und diesen beschreiben. So führte der Report aus, dass Price die Fähigkeit hatte, Gebäude, Straßen, Gärten und Objekte bis hin zu Baumaterialien, Farben und dem Ambiente manchmal korrekt und bis ins Detail zu beschreiben.[35]

Das SRI dehnte anschließend die Experimente auf weitere Personen aus, wobei teilweise Ergebnisse mit einer Wahrscheinlichkeit von 1 zu 1 000 000 erzielt wurden. Von Zufall konnte also keine Rede sein.

70 000 CIA-Dokumente über Fernwahrnehmung

Bei ihren Experimenten kamen Targ und Puthoff zu folgenden Schlüssen:

1. Es ist durch Fernwahrnehmung (Remote Viewing) möglich, signifikante beschreibende Informationen über entfernte Orte und Situationen zu erhalten, ohne je dort gewesen zu sein oder diese zu kennen.

2. Die physische Entfernung zwischen der Testperson und der wahrzunehmenden Szene hat keinen großen Einfluss auf die Genauigkeit der Wahrnehmung. Anders ausgedrückt: »In unseren Experimenten wurde die Entfernung von zwei bis zweitausend Meilen variiert«, so Targ. Dabei war es unwesentlich, ob die physische Distanz groß oder klein war.

3. Die Nutzung einer elektromagnetischen Abschirmung beeinträchtigt in keiner offensichtlichen Weise die Qualität oder Genauigkeit der erhaltenen Beschreibungen. Dies widerspricht Theorien zur psychischen Wahrnehmung, die auf einer konventionellen Verwendung elektromagnetischer Strahlung beruhen.

Dies sind Ergebnisse, die lange nicht veröffentlicht werden durften. In den letzten Jahren hat die CIA über 70 000 Dokumente über Fernwahrnehmung und die damit verbundene Forschung zur Veröffentlichung freigegeben. Sie waren jahrzehntelang unter Verschluss gehalten worden, da sie die nationale Sicherheit der USA und eine Forschung, die viele Menschen überraschen und irritieren könnte, betrafen. Den Anstoß dazu gab Russell Targs Sohn, Nicholas Targ, ein Anwalt, der zuvor im Innenministerium der Vereinigten Staaten von Amerika arbeitete.

Unter dem Codenamen SCANATE starteten Targ und Puthoff gemeinsam mit Ingo Swann in der Folge ein geheimes Projekt, bei dem Swann anhand der reinen Koordinaten das jeweilige Ziel beschreiben sollte. Schließlich gelang die CIA in den Besitz von sowjetischen Dokumenten, die Targ und Puthoff als Zielpersonen beschrieben, die man versuchen sollte als Agenten für die UdSSR anzuwerben.[36] Targ:»In diesem Moment bekam ich Angst. Es war, als hätten wir ein gefährliches Terrain betreten.«

Die CIA entschloss sich, Pat Price direkt anzuwerben, um mit dem SRI keine Organisation weiter zu involvieren, die ein potenzielles Informationsleck darstellen könnte.»Vier Monate nachdem Price bei der CIA anheuerte, war er tot«, erinnert sich Targ. Am 13. Juli 1975 starb er im Alter von nur 56 Jahren an einer Herzattacke in einem Hotel in Las Vegas. Er wurde nicht obduziert.

Das SRI setzte schließlich mit weiteren Medien die Arbeit fort, darunter mit Chief Warrant Officer Joseph McMoneagle von der United States Army, der sechs Jahre lang Fernwahrnehmungen für die US-Armee durchführte. Er wurde von Captain Skip Atwater persönlich angeworben, der von 1985 bis 1996 der Direktor des U.S. Army Remote Viewing Program war.[37] McMoneagle ortete damals die Entwicklung eines neuen russischen Atom-U-Bootes, des TK-089 der Typhoon-Klasse, und wollte Fernwahrnehmung dazu einsetzen, mehr über diese geheime Waffe zu erfahren.

Trotzdem bestritt CIA-Direktor Robert Gates 1995 in einer Anhörung, dass es auch nur»einen einzigen Fall in 25 Jahren gegeben hätte, wo das Programm in irgendeiner wesentlichen Weise zu einer Grundsatzentscheidung«[38] beigetragen hätte. Das entspricht nicht der Wahrheit. Tatsächlich wurde bereits im Oktober 1983 John Marsh, US Secretary of Army, von Lt. Colonel

Brian Busby vom United States Army Intelligence and Security Command (INSCOM) informiert, dass von 700 Remote-Viewing-Missionen 350 – also die Hälfte – wertvolle geheimdienstliche Ergebnisse geliefert haben.

In einem Interview für den Dokumentarfilm *Third Eye Spies* erklärte Joseph McMoneagle 2019, dass das Programm Jahr für Jahr aufgrund seiner Erfolge lief, nicht wegen möglicher Fehlschläge. Die Tatsache, dass es auf einer Jahr-zu-Jahr-Basis finanziert wurde, erkläre, warum es 20 Jahre nicht abgesetzt wurde. Die CIA soll jene Agentur gewesen sein, die mehr Fernwahrnehmung genutzt habe als jeder andere US-Nachrichtendienst.[39]

Joseph McMoneagle wurde für sein außerordentlich verdienstvolles Verhalten, hervorragende Leistungen und Erfolge bei der Durchführung seiner Arbeit mit der Legion of Merit ausgezeichnet.

Zwei Jahrzehnte lang finanzierten Geheimdienste die Forschung

Diese Ergebnisse der Forschung unserer Kollegen vom Stanford Research Institute waren umso beeindruckender, als wir später am PEAR Lab der Princeton University auf Basis von rund 650 ähnlichen Experimenten zu exakt denselben Schlussfolgerungen kamen. Trotzdem wird bis heute die jahrzehntelange wissenschaftliche Forschung von Teams an Universitäten wie Princeton oder Stanford kritisch betrachtet; die Ergebnisse werden zum Teil in Abrede gestellt.

Warum sollten die mächtigsten Geheimdienste der USA über zwei Jahrzehnte lang Forschung mit Millionensummen finanzieren, wenn in dieser Zeit angeblich keinerlei brauchbare

Beweise gefunden wurden? Warum wird ein solches Projekt dann nicht nach zwei, maximal drei ergebnislosen Jahren eingestellt, sondern über einen derart langen Zeitraum weiter finanziert?

Fernwahrnehmung ist eine natürliche Fähigkeit

»Jeder von uns hat solche Fähigkeiten«, stellt Russell Targ als Ergebnis seiner Forschung fest. »Fernwahrnehmung ist eine natürliche Fähigkeit, weder etwas Außergewöhnliches, Besonderes noch Heiliges. Fernwahrnehmung ist wie Sehen oder Hören, Sie müssen nicht einmal daran glauben, damit sie funktioniert.«
Aber wie trainiert man sie, wie bringt man sie zum Vorschein? Bereits im Frühjahr 1972 hat Russell Targ der CIA und der NASA Experimente und ein Programm vorgeschlagen, um die übersinnlichen Fähigkeiten von Personen zu entwickeln und zu trainieren. Es besteht aus zwei Schritten:

1. **Den Geist beruhigen:** »Ich gebe Menschen zwei Anweisungen, womit sie beginnen sollen. Erstens: Schließen Sie Ihre Augen. Zweitens: Beruhigen Sie Ihren Geist und atmen Sie bewusst ein und aus«, erklärt Russell Targ seine Methode. Es ist wie Meditation. Sowohl die Forscher am SRI als auch wir am PEAR Lab der Princeton University haben festgestellt, dass der wichtigste Schlüssel, seine außerordentlichen Fähigkeiten zu nutzen, die Ruhe und das Entspannen ist, das Schließen der Augen verbunden mit entspanntem Atmen.
2. **Den idealen Partner finden und die Logik ausschalten:** »Sie müssen den idealen Partner finden, um dies zu trainieren«, empfiehlt Targ. »Und Sie müssen sich von der klassischen

Analyse loslösen, wie wir sie von unserem Gehirn kennen. Logik hemmt jede Form der paranormalen Wahrnehmung. Ein Beispiel: Ihr Partner für die Experimente bringt Ihnen ein Objekt in einer Tasche mit. Er sollte niemals fragen: ›Ich habe dir ein Objekt mitgebracht, was denkst du ist es?‹ Dies führt zu einer intellektuellen Analyse und zum Versuch der Benennung. Darum geht es nicht. Sie sollen das Objekt nicht benennen, Sie sollen es beschreiben. Das ist ein wesentlicher Unterschied. Der Schlüssel zu außergewöhnlichen Fähigkeiten sind nie die Analyse und das logische Denken. Das ist eher ein Hemmnis. Künstler und Musiker sind beispielsweise oft sehr erfolgreich bei Fernwahrnehmungsexperimenten.«

Targ fährt fort: »Wir wissen, dass das Interessanteste an außersinnlichen Wahrnehmungen ist, dass sie unabhängig von Zeit und Raum sind. Ein Physiker würde sagen, dass es sich um eine nichtlokale Fähigkeit des Menschen handelt. Es ist nicht schwieriger, etwas zu beschreiben, das Tausende von Kilometern entfernt passiert als etwas, das zwei Straßen weiter geschieht. Es ist also unabhängig von der Entfernung.«

Aber nicht nur die physische Distanz scheint irrelevant, auch der Zeitfaktor. »Sehr oft haben wir Experimente gemacht«, so Targ, »in denen Dinge beschrieben werden mussten, die erst zu einem späteren Zeitpunkt passieren werden. Die CIA bat mich und Ingo Swann, ihr zu sagen, was in drei Tagen an bestimmten Koordinaten passieren wird. Ingo sagte: ›Ich sehe eine pyrotechnische Demonstration, es sieht aus wie ein Feuerwerk vom 4. Juli.‹ Drei Tage später gab es an diesem Ort einen fehlgeschlagenen chinesischen Atombombentest. In diesem Fall verbrennen sie Uran in der Atmosphäre. Es brennt auf explosive Weise und bildet wunderschöne farbige Spiralen am Himmel. Sobald Ingo Swann sagte, dass er ein Feuerwerk gesehen habe, wusste die CIA, dass dies ein Atombombentest sein und er scheitern würde.« Welche Folgen haben solche Bestätigungen außergewöhnlicher Fähigkeiten für das Verständnis unserer Welt? Und welche Schlüsse ziehen wir daraus?

Die Bedeutung der Quantenmechanik für unser Bewusstsein

Henry Stapp ist ein brillanter Physiker an der Universität Berkeley, der herausragende wissenschaftliche Arbeiten zur Quantenmechanik verfasst hat. Bahnbrechend war sein Beitrag zur Nichtlokalität von Quanten. Anders als die klassische Physik weicht die Quantenmechanik von unserem intuitiven Verständnis der Natur ab. Quantensysteme können verschränkt sein, sodass sie sogar korrelierend bleiben, selbst wenn sie Lichtjahre weit voneinander entfernt sind.

Stapp hatte einen Schwerpunkt seiner Forschung auf die Bedeutung der Quantenmechanik für das Bewusstsein und den freien Willen des Menschen gelegt. Er ist davon überzeugt, dass Bewusstsein für das gesamte Universum von grundlegender Bedeutung ist.»Henry«, so Russell Targ,»leitete früher die Abteilung für Physik in Berkeley. Er sagte, Nichtlokalität sei die wichtigste Entdeckung in der gesamten Wissenschaft. Weil sie zeigt, dass wir die Natur der Welt, in der wir leben, falsch verstehen. Raum und Zeit sind miteinander verbunden. Wir wissen, dass die Welt, in der wir leben, vier Dimensionen hat: drei Raumdimensionen und eine Zeitdimension. Jede von ihnen hat einen Real- und einen Imaginärteil.«

Targ schmunzelt und fährt fort: »Minkowski* musste Einstein beibringen, dass man den imaginären Teil der Zeit nutzt, um die Relativitätstheorie zum Laufen zu bringen. Minkowski erfand die Idee der komplexen Raumzeit, in der es drei Raumdimensionen und eine Zeitdimension gibt, von denen jede einen realen und einen komplexen Teil hat. Dies bedeutet, dass einige Kombinationen der Raumdimensionen und der Zeitdimension unsere Raumzeit ausmachen. Man könnte also sagen, dass es acht Dimensionen gibt, die unsere Raumzeit ausmachen. Wir erklären außersinnliche Wahrnehmung nicht durch Hinzufügen neuer Dimensionen. Viele Leute würden sagen: ›Oh, ich weiß, wie sie funktioniert: in der vierten Dimension!‹ Das würden wir nicht sagen. Wir sagen, dass es bereits vier Dimensionen gibt, mit einem Real- und einem Imaginärteil. Es wird also immer einen Weg durch die komplexe Raumzeit geben, wo dieser Pfad einen Nullabstand hat. Sie sind also 6000 Meilen entfernt, wenn Sie mit einem Flugzeug fliegen, aber es wird einen anderen Weg geben, der überhaupt keine Entfernung hat. Im bewussten Bereich, in der komplexen Raumzeit, gibt es überhaupt keine Trennung. Wir wissen ohne Zweifel, dass es nicht schwieriger ist, etwas in weiter Ferne zu beschreiben. In der modernen Physik würden wir sagen, dass dies eine nichtlokale Fähigkeit ist, unabhängig von Raum und Zeit.«

---

* Der deutsche Mathematiker und Physiker Hermann Minkowski

Das »mentale Rauschen« ausschalten: Analyse als Feind außergewöhnlicher Fähigkeiten

Eines haben Russell Targs Experimente seit damals gezeigt: Dass rationales Denken ein Hemmschuh ist, wenn man außergewöhnliche Fähigkeiten zulassen möchte. Er spricht in diesem Zusammenhang von Signalrauschen: »Es gibt eine Sache, die jede außergewöhnliche Fähigkeit stört. Das mentale Rauschen: Erinnerung, Vorstellungskraft, Analyse, zusammen mit Benennen, Erraten und Greifen. Wenn Sie Ihre telepathischen Fähigkeiten zulassen wollen, müssen Sie lernen, das telepathische Signal vom mentalen Rauschen zu trennen.«

Ein Beispiel: Sie sollen eine Zahl von 1 bis 10 benennen, die Ihr Gegenüber ausgewählt hat. Welche nehmen Sie? 1 oder 10 eher nicht, weil Sie denken, das wäre zu naheliegend. Auch 7 nicht, weil dies eine Glückszahl für viele ist. 5 liegt in der Mitte und wäre zu leicht zu erraten etc. Dieser Prozess ist Analyse. Sie ist der Feind jeder außersinnlichen Wahrnehmung und von außergewöhnlichen Fähigkeiten wie im Bereich der Fernwahrnehmung.

Geist und Materie sind eins

»Nehmen wir das Avatamsaka-Sutra«, erklärt Russell Targ, »das rund um die Zeit Christi entstanden sein dürfte. Es ist eines der umfangreichsten buddhistischen Bücher, das erklärt, wie Sie Ihren Geist beruhigen und in die Ferne, in die Zukunft sehen können. Es werden darin ein Dutzend verschiedener Dinge aufgelistet: wie man mit Toten kommuniziert, Kranke heilt und Krankheiten diagnostiziert. Also, was haben wir gelernt, was andere Leute nicht schon vor langer Zeit wussten?«

Das Avatamsaka-Sutra beschreibt, dass jedes Lebewesen, aber auch jeder Gegenstand nicht für sich allein existiert, sondern selbst in jedem anderen Teil enthalten ist. Alles ist miteinander verbunden. Im Kern besagt das Avatamsaka-Sutra, dass Geist und Materie eins sind und einander in unendlicher wechselseitiger Abhängigkeit bedingen. Es geht von einer idealen Harmonie zwischen der materiellen und immateriellen Welt aus. Es beschreibt auch die Welt des Bewusstseins, das keinerlei Verschränkung mehr zur materiellen und immateriellen Welt kennt. »Es ist so, dass wir es geschafft haben, Menschen dabei zu helfen, das telepathische Signal zu trennen, das ein schwaches Signal ist, welches ins Bewusstsein kommt. Wir haben Menschen gezeigt zu lernen, es von Erinnerung, Vorstellungskraft und Analyse zu befreien«, sagt Russell Targ.

Aber wie? Targ sieht direkt in die Kamera, die uns über Zoom per Video miteinander verbindet: »Georg, ich habe gerade einen Gegenstand von meinem Schreibtisch genommen, den ich aus Deutschland mitgebracht habe. Beruhige deinen Geist und erzähle mir jetzt von dem überraschenden Bild, das sich in deinem Bewusstsein zeigt. Versuch nicht, das Objekt zu erraten. Was siehst du?« Meine Antwort ist spontan: »Eine Klinge, etwas, womit man Briefumschläge öffnen kann.« Targ hält das Objekt in die Kamera und sagt: »Es ist ein deutsches Klappmesser. Das ist es also, was wir seit 20 Jahren tun. Ich erstelle ein mentales Bild und sage dir, du sollst nach etwas Überraschendem suchen. Und du hast das Klappmesser gesehen – wie hast du das gemacht?«

Targ erklärt das Phänomen mit einer Erkenntnis, die im Buddhismus bereits vor 2500 Jahren bekannt war: Bewusstsein kennt keine Trennung. Trennung ist eine Illusion. »Der Grund, warum eine Person in meinem Labor sitzen und sofort beschreiben konnte, was in einer 6000 Meilen entfernten sowjetischen

Waffenmanufaktur vor sich geht, ist, dass es im psychischen Raum keine Trennung gibt.«

»Viele Menschen gehen ohne jeden Beweis davon aus, dass es das nicht geben kann«, weiß der Physiker Brian Jones, Nobelpreisträger für Physik, der an der Cambridge University lehrte. »Es ist einfach Dogma.« Er fügt als Nachsatz hinzu: »In der Wissenschaft sollte es nie um Dogmen gehen.«[40]

Wie wirksam das geheime Programm war, bestätigte ausgerechnet der 39. Präsident der Vereinigten Staaten von Amerika, Jimmy Carter, höchstpersönlich. Targ erinnert sich: »Es war 1978, als ein russisches Aufklärungsflugzeug in Nordafrika abstürzte. Der Pilot konnte sich noch mit dem Schleudersitz retten, die Maschine flog weiter und stürzte irgendwo ab. Die CIA war sehr daran interessiert, diesen Aufklärungsflieger zu finden, da er voller Codebücher der Sowjets war. Aber niemand wusste, wo, weil es sich mitten im Dschungel unter Blättern und Bäumen befand. Unsere Satellitenaufklärung konnte es nicht finden. Die CIA arbeitete ein paar Wochen daran, und es wurde zum Wettbewerb, weil die Russen das Flugzeug aus demselben Grund zurückhaben wollten.

Die CIA kam zu uns und fragte, ob wir dieses Flugzeug für sie finden könnten, zusammen mit einer Frau von der Wright-Patterson Air Force Base, die auch Erfahrung mit Fernwahrnehmung hatte. Wir markierten auf einer Karte Afrikas den Bereich zwischen einem Dorf und einem Fluss, wo das Flugzeug abgestürzt sein soll. Die CIA flog mit einem Hubschrauber zu diesem Ort und fand Bewohner des Dorfes, die Metallteile des Flugzeugs wegtrugen. Wir haben also genau festgestellt, wo sich das Flugzeug zu einem Zeitpunkt befand, an dem niemand wusste, wo es war.

1995 besuchte Jimmy Carter die Emory University, um mit Studenten zu sprechen und deren Fragen zu beantworten. Ein

Student fragte: ›Was war das Überraschendste, was während Ihrer Präsidentschaft passiert ist?‹ Carter antwortete: ›Das Überraschendste war, als die CIA mit einem Medium ein abgestürztes russisches Flugzeug im Dschungel Kongos durch Fernwahrnehmung fand, das sonst niemand finden konnte.‹«

Das Ende des Programms kam nicht lange nach dieser Fragestunde mit Ex-US-Präsident Carter an der Emory University. Denn damit war das bis dahin streng geheime Programm des SRI mit einem Schlag der Öffentlichkeit bekannt geworden. CNN und viele Medien berichteten darüber.

Kit Green, der ehemalige Direktor der Life Sciences Division des Geheimdienstes CIA, sagt im 2019 veröffentlichten Dokumentarfilm *Third Eye Spies*: »Ich bin hundert Prozent überzeugt, dass es eine echte Informationsbeschaffung war und potenziell echte geheimdienstliche Bedeutung hatte.«[41]

Jessica Utts, Professorin für Statistik an der University of California, Irvine, und 111. Präsidentin der American Statistical Association, geht noch einen Schritt weiter. Sie ist eine Expertin von zwei, die 1995 im Auftrag des American Institute for Research (AIR) das Stargate Project – unter diesem Decknamen lief damals die Remote-Viewing-Forschung – untersuchen sollten. Ihr Urteil ist eindeutig: Sie kommt zu dem Schluss, dass jeder, der behaupten würde, es gäbe keinen Beweis dafür, sich schlicht die Daten nicht angesehen habe. Jessica Utts ist sogar überzeugt, dass sich die Leute die Daten gar nicht ansehen wollten. Sie hätten ihre Sicht der Welt, und diese wollen sie nicht ins Wanken gebracht sehen.[42]

4

Die Quantenmechanik des Bewusstseins

Wie wir außergewöhnliche Fähigkeiten erforschen

Brenda Dunne ist eine Wissenschaftlerin, wie man sie an einer Universität wie Princeton erwartet: selbstbewusst, souverän und mit einem messerscharfen Verstand. 28 Jahre lang managte sie als Mitgründerin unser PEAR Lab an der Princeton University bis zu seiner Schließung 2007. Heute ist sie die Präsidentin der International Consciousness Research Laboratories (ICRL), denn nach wie vor verfolgt Brenda nur ein Ziel: unser Bewusstsein und seine Mechanismen zu verstehen. Als unser Labor in Princeton geschlossen wurde, sollten die ICRL die Ergebnisse Tausender Versuche aus jahrzehntelanger Forschung mit neuen Methoden weiter auswerten.

Brenda stieß während ihres Studiums der Psychologie und der Geisteswissenschaften, das sie später abschloss, auf die Forschung von Russell Targ und Harold Puthoff. In einem Interview, das wir für dieses Buch geführt haben, erzählt sie uns:»Für jedes Fach musste ich ein eigenständiges Projekt machen. Für die Geisteswissenschaften schrieb ich eine Arbeit über veränderte Bewusstseinsstadien. Für Psychologie las ich eine Arbeit von Puthoff und Targ über ihre Tätigkeit am Stanford Research Institute, die mich faszinierte, und ich versuchte, sie zu wiederholen. Ich spannte für die Experimente Freunde ein, und wir erzielten dabei einige bemerkenswerte Ergebnisse, die zeigten: Hier passiert tatsächlich etwas, das sich nicht erklären lässt.«

Nach den Experimenten ging Brenda Dunne an die Universität von Chicago und besuchte ein Treffen der Parapsychological Association, wo sie einen Vortrag über Fernwahrnehmung und ihre Experimente hielt. Dabei traf sie auf Robert G. Jahn, den Dekan der School of Engineering, der Fakultät für Ingenieurswesen und Angewandte Wissenschaften an der Princeton University. Bob, wie wir ihn alle nannten, war ein renommierter Physiker, Raumfahrtingenieur, Professor für Weltraumwissenschaften und selbst ein Pionier, der mit der United States Air Force und der NASA Raketentriebwerke entwickelte. Er besuchte damals alle wissenschaftlichen Konferenzen im Bereich Psi – ein Synonym für außersinnliche Wahrnehmungen wie Präkognition, die Fähigkeit, in die Zukunft sehen zu können, und Telepathie, die Fähigkeit, mit anderen ohne Hilfsmittel über größere Distanzen zu kommunizieren.

»Bob wollte ein Projekt zu Fernwahrnehmung starten«, erinnert sich Brenda Dunne heute. »Er war ein guter Freund von James McDonnell, der sagte, dass er einige seltsame Anomalien zwischen Mensch und Maschine im Fluggeschäft gesehen habe – und überzeugt war, dass dies genauer untersucht werden müsse. Er wollte, dass Bob ein solches Projekt leitet, und er würde die finanzielle Unterstützung leisten.«

James Smith McDonnell war ein legendärer amerikanischer Flugzeugkonstrukteur. Sein Unternehmen McDonnell Douglas, ein Milliardenkonzern, gehörte zu den führenden Flugzeugbauern der Welt, bis es im Jahr 1997 mit Boeing fusionierte.

McDonnell war ein Mäzen, der unsere Welt zum Besseren verändern wollte. Mit seiner Stiftung, der James S. McDonnell Foundation, unterstützte er humanitäre Projekte sowie wissenschaftliche Unternehmen und Forschungseinrichtungen. Er war getrieben davon, mehr über unsere Welt zu erfahren – und wie sie tatsächlich beschaffen ist.

McDonnell und Bob Jahn waren besorgt über die Auswirkungen von Stress auf unbewusste Geistesprozesse in der intensiven Umgebung eines Cockpits. Sie gingen davon aus, dass sie Auswirkungen auf empfindliche Instrumente haben könnten. Bob Jahn engagierte Brenda für sein neu zu gründendes Labor an der Princeton University. Sie erinnert sich:»Ich könnte jetzt stundenlang darüber erzählen, wie Bob das Programm genehmigt bekommen hat. Es war ein harter Kampf. Bob und ich waren eines Tages mittagessen gegangen, und er sagte, es sei Zeit, einen Namen für das Labor zu finden. Ich malte anfangs das griechische Psi an die Eingangstür zum Labor, aber es erschreckte viele Leute, weil es aussah wie die Mistgabel des Teufels. Bob fragte mich, wie mir Princeton Engineering Anomalies Research gefällt, abgekürzt PEAR. Ich sagte:›Pear, also Birne? Wir sollten uns etwas Besseres einfallen lassen.‹ Bob stimmte zu und fragte mich nach dem Salzstreuer. Ich reichte ihm diesen – und er hatte die Form einer Birne. Dann fragte uns die Kellnerin, ob wir ein Dessert haben möchten – es gäbe einen fantastischen Birnenkuchen. Danach war uns klar, dass das Labor PEAR Lab heißen musste.«

Die Forschungsbereiche des PEAR Lab

Das Labor hatte drei wesentliche Felder, in denen es tätig sein wollte und die erforscht werden sollten:

1. **Die Verbindung zwischen Menschen, die durch große Distanz getrennt waren:** »Dabei fokussierten wir uns nicht nur auf eine räumliche Trennung, sondern vor allem auch auf eine zeitliche. Wir wollten untersuchen, inwieweit man Ereignisse erkennen oder vorhersagen kann, die erst in der Zukunft passieren, genauso aber auch Geschehnisse beschreiben kann, die in der Vergangenheit liegen oder gerade eben im Moment passieren. Wir wollten ein Programm zur Entwicklung analytischer Beurteilungstechniken für Fernwahrnehmungsexperimente entwickeln«, erklärt Dunne.

2. **Human-Machine Anomalies oder Mind-Machine Interaction:** »Wir wollten dabei erforschen, ob Menschen die Fähigkeit besitzen, allein durch ihre Intention – und damit durch ihre Gedanken – Materie zu beeinflussen. Ist dies tatsächlich möglich, so wollten wir herausfinden, was solche Effekte verstärken, aber auch was sie verhindern kann. Wir verwendeten dazu in erster Linie Zufallszahlengeneratoren.«

3. **Die wissenschaftlichen Folgen:** »Da wir von den anderen beiden Feldern sehr anomale Ergebnisse erhalten hatten, bestand der letzte Teil der Aufgabe darin herauszufinden, was in aller Welt hier vor sich ging. Das wurde der theoretische Teil.«

Im Bereich der Fernwahrnehmung machten wir im PEAR Lab innerhalb von 28 Jahren etwa 650 Experimente. Während Targ und Puthoff bei ihren Experimenten für die CIA und andere Geheimdienste nur mit einer Handvoll Personen wie Ingo Swann arbeiteten, denen sie außergewöhnliche mediale Fähigkeiten bescheinigten, hatten wir ein anderes Ziel: Wir wollten feststellen, ob ganz normale Menschen über bestimmte Fähigkeiten verfügen, die wir mit unserem derzeitigen Stand der wissenschaftlichen

Forschung nicht erklären können. Hatte eine Versuchsperson schon im Vorfeld angegeben, sie besäße besondere Fähigkeiten, war dies für uns meist sogar ein Ausschlussgrund.

Als wir mit dem PEAR Lab begannen, mussten wir unsere Studiendesigns und Protokolle dem Human Subjects Committee (HSC) der Princeton University vorlegen. Die Forschung am Menschen erfordert eine objektive Überprüfung und Genehmigung durch ein solches Komitee, dessen Hauptaufgabe darin besteht, eine umfassende wissenschaftliche und ethische Überprüfung der geplanten Forschungsaktivitäten durchzuführen. Es bestimmt die Durchführbarkeit der Studien, ihren wissenschaftlichen Wert, die Einhaltung ethischer Grundsätze, die Fundiertheit des Studiendesigns und die Balance zwischen Nutzen und Risiko. Das HSC überprüfte unsere Unterlagen und teilte uns mit, dass es daran nichts auszusetzen habe.

Eines war diesem Komitee aber wichtig: Wir durften unsere Probanden nicht aus dem Labor gehen lassen im Glauben, sie hätten außergewöhnliche metaphysische Fähigkeiten – selbst wenn wir aufgrund der Daten der Überzeugung waren, dass diese tatsächlich vorlagen. »Wenn wir unsere Experimente machten – meistens mit Freiwilligen –, erklärten wir ihnen, wie diese ablaufen werden. Ich sagte dann meistens zu ihnen, dass sie unter keinen Umständen denken sollten, sie seien Gott, es sei denn, sie dachten es bereits, bevor sie hereinkamen«, schmunzelt Brenda Dunne, die noch immer in Princeton wohnt. »Das brachte die Leute zum Lachen und beruhigte sie, denn sie wussten, dass sie in einer Laborsituation inmitten einer Universität an einem realen und seriösen Experiment teilnahmen.«

Wir bezogen unser Labor am Campus der Princeton University. Es war im Erdgeschoss untergebracht und mit nur rund 100 Quadratmeter Bürofläche relativ klein. Lediglich zwei

Räume hatten Fenster und Tageslicht. Die Wände waren zum Teil wie bei einem Blockhaus mit Holz getäfelt. Die Einrichtung war ganz anders, als man sie in einem Forschungslabor erwarten würde: kein steriles Weiß mit Tischen voller Laborgeräte, sondern im Konferenzraum eine große orange Sitzlandschaft mit zahlreichen Stofftieren, viele Bilder an den Wänden, bunte Stühle und rote Türen.

Wir wollten eine gemütliche Wohnzimmeratmosphäre schaffen – ideal für Experimente, wie wir sie vorhatten. An der Wand hing ein großer Apparat, der Random Mechanical Cascade Apparatus, und in anderen Räumen weitere wissenschaftliche Geräte wie Zufallszahlengeneratoren, Pendel oder Automaten. Die Schreibtische waren aus hellem Holz, die Bürostühle hatten oft bunte Muster oder waren aus knalligem Orange. Dazwischen standen unsere technischen Geräte. Wir versuchten, das Labor wohnlich zu gestalten. Im Lauf der vielen Experimente, die wir hier durchführten – wir versuchten übrigens in der Regel, genau zur Hälfte mit Männern und Frauen zu testen –, kamen wir zu einer überraschenden Erkenntnis.

Frauen können ihre außergewöhnlichen Fähigkeiten besser nutzen

»Es gibt einen geschlechtsspezifischen Unterschied«, kommt Brenda Dunne auf den Punkt. »Es stellte sich heraus, dass Männer und Frauen bei unseren Experimenten ganz unterschiedliche Ergebnisse erzielten.«

Männer neigten eher dazu, Ergebnisse in der Richtung zu erzielen, die sie durch Intention beabsichtigten. Der Effekt bei Männern war im Schnitt geringer als bei Frauen, der Ausgangswert war gleichmäßig, und es gab eine signifikant geringere Varianz, also eine geringere statistische Streuung bzw. Abweichung vom Mittelwert.

Frauen erzielten meist weitaus stärkere Effekte und Ergebnisse bei den Experimenten, wobei diese in keiner direkten Verbindung mit ihrer Intention zu stehen schienen. Sie hatten viel stärkere Abweichungen, sowohl in den Höhen als auch Tiefen. Dies lässt den Schluss zu, dass Frauen möglicherweise ihre außergewöhnlichen Fähigkeiten besser nutzen können.

Wir wollten schließlich wissen, zu welchen Ergebnissen man kommt, wenn zwei Personen gleichzeitig und gemeinsam an einer Aufgabe arbeiteten. Auch hier waren die Ergebnisse verblüffend: Zwei Personen desselben Geschlechts, die kooperierten, konnten abseits des Zufalls keine außergewöhnlichen Ergebnisse erzielen, selbst wenn dies jeder Person für sich sehr wohl gelang. Hatten sie jedoch unterschiedliche Geschlechter, erzielten sie außergewöhnliche Ergebnisse, die fast doppelt so hoch waren wie die von jedem Einzelnen. Brenda Dunne ergänzt: »Am faszinierendsten aber war: War das kooperierende Paar ein weiblich-männliches, das ineinander verliebt war, so erzielte es Ergebnisse, die fast sieben Mal höher waren als erwartet. Obwohl unsere Datenbank für Paarversuche relativ klein gewesen ist, war der Effekt doch groß genug, um statistisch signifikant zu sein.«

Das sind die wissenschaftlichen Fakten. Sie führen uns zu der Frage: Wie können wir das alles erklären? »Die Phänomene schienen auch eine biologische Komponente zu haben, auch wenn es nur das Geschlecht war«, so Dunne. »Bei Säugetieren neigt das Männchen dazu, das Territorium zu definieren und zu schützen, das Weibchen wiederum, die Horde zusammenzuhalten. Wenn wir in der Literatur nach geschlechtsspezifischen Unterschieden suchen, gibt es nur zwei Bereiche mit wissenschaftlich soliden

Schlussfolgerungen: Männer sind in der räumlichen Erkennung besser; Frauen dagegen in der Kommunikation sowie im Aufbau und Zusammenhalten einer Gemeinschaft. Dies deutet auf etwas in der Evolution und in biologischen Prozessen hin.«

Auch wenn wir in der Lage waren, zahlreiche Phänomene mit wissenschaftlichen Methoden zu messen und nachzuweisen, können wir sie auch viele Jahre später mit unserer heutigen wissenschaftlichen Sichtweise noch nicht erklären. Brenda Dunne: »Die Ergebnisse, die wir in jedem Experiment beobachteten, stimmten nicht mit den Gesetzen der Physik überein, insbesondere mit der Unabhängigkeit von Raum und Zeit, auch nicht mit Modellen, die in der Psychologie eine herausragende Rolle spielen.«

Im PEAR Lab suchten wir nach Erklärungen und erkannten, dass neue Perspektiven erforderlich waren. In einem ersten Schritt haben wir eine neue Sprache oder Terminologie entwickelt, die von bestimmten Konzepten der Quantenphysik inspiriert ist. Es gibt klare Analogien zwischen Aspekten unseres Bewusstseins und den quantenmechanischen Prinzipien der Komplementarität, Überlagerung, Verschränkung und Unsicherheit. Diese Parallelen helfen uns, darüber nachzudenken, was passiert, wenn das Bewusstsein die Welt berührt. In einem formaleren Bild möglicher Verbindungen zwischen der mentalen und der physischen Welt wurde ein Modell namens M5 entwickelt, das speziell einen direkten Austausch unbewusster und immaterieller Energien beschreibt – außerhalb unserer Fähigkeit, den Austausch wahrzunehmen.

Letztendlich haben wir drei Modelle entwickelt, die die Bedeutung subjektiver und objektiver Aspekte wissenschaftlicher Fragen einbeziehen. Dies führt zu der Erkenntnis, dass alle Beobachtungen von der Perspektive abhängen und durch Wahrnehmungs- und Konzeptfilter moduliert werden. Die reale Welt ist zutiefst komplex, und gute Wissenschaft erfordert Demut. Die alte Fabel von Blinden, die einen Elefanten beschreiben, ist passend.

Modell 1:
Die Quantenmechanik des Bewusstseins

Die Quantenmechanik spiegelt nicht nur die physische Welt wider, sondern auch das Bewusstsein. Wenn wir den Welle-Teilchen-Dualismus zugrunde legen, wonach Objekten der Quantenphysik gleichermaßen die Eigenschaften von Wellen wie von Teilchen zugeschrieben werden müssen, so wissen wir durch Schlüsselexperimente: Klassische Wellen breiten sich im Raum aus und können gleichzeitig an verschiedenen Stellen präsent sein. Ein klassisches Teilchen kann dies nicht, es kann zu einem Zeitpunkt nur an einem bestimmten Ort sein. Obwohl diese beiden Eigenschaften einander auszuschließen scheinen, sind sie in Experimenten nachweisbar. Man schreibt deshalb jedem Körper eine Materiewelle zu. Legen wir dies auf das Bewusstsein um, so erscheint es manchmal aus einer wellenartigen Perspektive und dann wieder aus einer Teilchen-Perspektive. Dieser Umstand kann die Eigenschaften des beobachteten Objekts beeinflussen.

Modell 2:
Die M5-Theorie

Diese Theorie lässt sich am besten durch ein Quadrat darstellen (siehe Grafik nächste Seite): Links auf der Seite des Geistes finden Sie die *be*wusste (B) und *un*bewusste (U) Welt, rechts auf der

Seite der Materie die materiell (T) und immateriell (I) manifestierte Welt. Die unteren Bereiche behandeln Wahrscheinlichkeiten: Je tiefer, desto kleiner werden die Unterschiede. Das Modell geht davon aus, dass die Auswirkungen des Geistes indirekt von Bedeutung sind, indem eine Intention in den unbewussten Raum gestellt wird, die mit dieser unbewussten Möglichkeit der physischen Realität verschmilzt und schließlich in der physischen Welt auftaucht. Es verschieben sich demnach im Grunde nur die Wahrscheinlichkeiten auf subtile Weise.

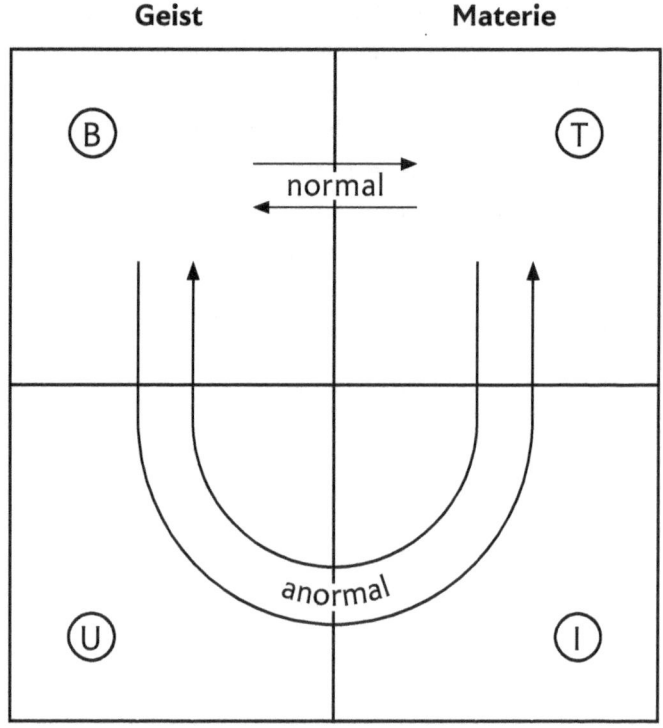

Das Modell der M5-Theorie

Modell 3:
Die Filter-Theorie

Sie geht davon aus, dass wir psychologische, physische, kulturelle und emotionale Filter haben, durch die wir die Welt wahrnehmen. Sie beeinflussen, was wir erleben und wie wir es beschreiben können. Wenn wir uns dessen bewusst werden, können wir lernen, die Filter so einzusetzen, dass wir erkennen: Die Realität hat eine subjektive Komponente, die wir zumindest in einem bescheidenen Maße mental beeinflussen können.

Wir brauchen eine neue Wissenschaft, die die Rolle des Bewusstseins untersucht und zu erklären versucht. Wissenschaftler, die der Frage des Bewusstseins nachgehen, suchen derzeit meistens im Gehirn nach Antworten. Wir stehen diesem Ansatz aufgrund unserer wissenschaftlichen Ergebnisse im Bereich der Fernwahrnehmung, aber auch im Bereich der Nahtoderfahrungen sowie außerkörperlichen Erfahrungen skeptisch gegenüber. Bewusstsein ist kein vom Gehirn erzeugter Prozess – es ist losgelöst von ihm.

Das Gehirn entspricht eher einem Radio: Die Information befindet sich draußen im kollektiven Bewusstsein, und wir können uns auf ein bestimmtes Thema einstellen und Informationen dazu aufnehmen. Manchmal können wir in einem Moment die riesige Quelle selbst sehen und erkennen, dass wir ein Teil von ihr sind.

»Bewusstsein ist ein Teil des Lebens«, weiß Brenda Dunne. »Die Leute sprechen über das Geist-Körper-Problem, dabei ist das einzige Problem ein Körper ohne Geist oder umgekehrt. Ein Körper und ein Geist, die zusammenarbeiten, sind Bewusstsein, sind Leben. Dies hat Auswirkungen auf jeden Studienbereich. Wir müssen dabei bedenken, dass die Wissenschaft selbst eine

Methode ist, sie ist kein Wissensbestand. Es ist eine Art, Fragen zu stellen. Jeder Bereich in der Wissenschaft wird durch das Bewusstsein geschaffen. In der physischen Welt gibt es keinen messbaren Unterschied zwischen Physik und Psychologie. Dies ist eine kognitive Unterscheidung, die vom Bewusstsein erzeugt wird, wenn es versucht, seinen Wissens- oder Informationsbereich zu ordnen.«

Wie können wir nun diese Erkenntnisse in unserem Leben nutzen? Indem wir es einfach ausprobieren.

5

Jeder kann ein
Medium sein

Anleitung für Ihr eigenes
Fernwahrnehmungsexperiment

Wir beginnen ein praktisches Training für Fernwahrnehmung,
basierend auf den Erkenntnissen des PEAR Lab der Princeton
University. Dazu brauchen Sie zwei Personen: einen Empfänger,
der die außersinnliche Wahrnehmung hat, und einen Agenten,
wie wir es nennen, dessen Aufgabe es ist, die Situation real zu
erleben. Beide können nach einem Experiment die Rollen wechseln. Sinnvoll wäre es anfangs auch, eine dritte Person einzu-
binden, die das Ziel aussucht, das weder Empfänger noch Agent
kennen sollten.

1. Ein geeignetes Ziel finden

Die erste Aufgabe ist, ein Ziel aussuchen zu lassen, das der Emp-
fänger beschreiben soll. Weder Empfänger noch Agent erhalten
Informationen dazu. Es gibt verschiedene Möglichkeiten, ein
Ziel zu definieren. Ein geeignetes Ziel könnte sein:

- ein Ort mit bestimmten Koordinaten,
- ein Objekt,
- ein Ereignis,
- Menschen,
- Aktivitäten etc.

Wir haben bei unseren Experimenten an der Princeton University in Versuchsreihen wie Precognitive Remote Perception (vorausahnende Fernwahrnehmung) meist mit Zielen gearbeitet, die der Empfänger beschreiben sollte und die der Agent oft erst zu einem späteren Zeitpunkt – zum Beispiel ein, zwei Tage später – erleben wird. Zum Zeitpunkt, als der Empfänger das Ziel beschrieb, wusste der Agent meist noch nicht einmal davon. Es wurde dann zufällig aus einer großen Sammlung von Zielen ausgewählt und war somit wie ein Blick in die Zukunft.

Bevor Sie sich aber so komplexen Experimenten widmen, sollten Sie zunächst Versuche durchführen, die einfacher sind. Sie finden am Ende dieses Kapitels einen Testfragebogen mit 30 Punkten, den wir im PEAR Lab verwendeten und der Ihnen auch eine mathematisch-statistische Auswertung ermöglicht, ob bei Ihren Versuchen Hinweise auf mögliche besondere Fähigkeiten vorliegen.

Das Ziel sollte möglichst markant und daher präzise zu beschreiben sein. Es ist vorteilhaft, wenn es eindeutige Merkmale aufweist wie zum Beispiel spezielle Formen, intensive Farben, Elemente wie Wasser oder Feuer, Menschen, Tiere etc. Die Person, die das Ziel auswählt, notiert es auf einem Blatt und steckt dieses gemeinsam mit Fotos oder Anleitungen in einen Umschlag.

Anfangs sollte ein reales Ziel ausgewählt werden, kein fiktives. Der Millennium Falke, Han Solos Raumschiff aus *Star Wars*, mag zwar auf den ersten Blick ein ideales Ziel darstellen. Da aber routinierte Empfänger immer darauf trainiert sind, reale Ziele zu beschreiben, nicht das Bild eines Filmmodells in einem Umschlag, wird das Experiment nicht ideal funktionieren. Des Weiteren haben wir immer versucht, berühmte Sehenswürdigkeiten zu vermeiden, die den Teilnehmern bei der Erwähnung des Ortes sonst leicht in den Sinn kommen könnten.

Empfänger und Agent beschreiben Szenerien häufig auf individuell unterschiedliche Weise: deskriptiv, präzise oder eher intuitiv. Aus der Beantwortung des Testfragebogens durch beide und die Gespräche nach dem Experiment lassen sich jedoch klare Rückschlüsse ziehen, ob der Empfänger das Ziel korrekt beschrieben hat.

Für ein strengeres Experiment können Sie oder noch besser ein Dritter eine Bibliothek mit beispielsweise 30 Zielen mit Beschreibung, Anweisungen und jeweils ein oder zwei Fotos erstellen. Sie sollten in versiegelten Umschlägen aufbewahrt werden. Einer davon kann durch Los ausgewählt und dem Agenten übergeben werden.

2. Das richtige Setting

Suchen Sie einen ruhigen, störungsfreien Raum für das Experiment. Der Empfänger muss sich wohlfühlen. Ein bequemes Sofa oder ein Stuhl mit einem Tisch davor sowie gedämpftes Licht sind ideal. Stift und Papier sollten zur Hand sein.

Wichtig ist das Einstimmen auf das Experiment. Alles, was den Geist beruhigt, ist dabei günstig. Das kann beispielsweise Meditation sein, Yoga oder leise Musik. Sehr wirksam ist die richtige Atmung. Wir haben oft Empfänger erlebt, die einfach ihre Augen schlossen und ruhig ein- und ausatmeten.

Das Abschalten der Logik ist ein wesentlicher Faktor für das Gelingen. Ein Experiment dieser Art funktioniert, wie bereits erwähnt, nicht durch Analyse, sondern durch schlichtes Loslassen. Gehen Ihnen dabei Fragen, Probleme oder Banalitäten des Alltags durch den Kopf, schieben Sie diese weg. Ganz nach dem Grundsatz: Let it flow.

3. Ein Protokoll erstellen

Dokumentieren Sie jedes Experiment in Form eines Protokolls, das der Agent zu verfassen hat. Ist der Empfänger einverstanden, nehmen Sie die Session mit dem Smartphone auf. Positionieren Sie es so, dass es den Empfänger weder ablenkt noch stört. Wir haben im Lauf der Zeit die Protokolle unserer Experimente optimiert. Ein simples Basisprotokoll sollte die wichtigsten Daten enthalten:

- Name des Agenten und des Empfängers,
- Datum, Uhrzeit, Beschreibung des Umfelds,
- eine Nummerierung, wenn Sie mehrere Experimente planen (was wir empfehlen).
- Der Empfänger soll detailliert und möglichst Wort für Wort beschreiben, was er erlebt. Dies kann sowohl mit verbalen Beschreibungen als auch mit Skizzen erfolgen. Die beste Option besteht darin aufzuzeichnen, was der Empfänger sagt oder beschreibt, und es später zu transkribieren.

Ein Teil der Evaluierung der Versuche hängt davon ab, dass Empfänger und Agent ihre Erfahrungen austauschen. In der Praxis wird es nicht immer möglich sein, dass Empfänger und Agent physisch im selben Raum sind (was den Idealfall darstellt). Aber auch wenn Sie an unterschiedlichen Orten sind, können Sie mittels Zoom, Skype oder anderen Videoverbindungen Experimente dieser Art durchführen.

Plattformen wie etwa Zoom erlauben außerdem die Aufzeichnung des Gesprächs auf Video. Das vereinfacht später die Auswertung, da Sie im Nachhinein einzelne Passagen mehrfach ansehen und analysieren können.

Noch ein paar Empfehlungen unsererseits: Wie Sie erfahren haben, spielen bei Fernwahrnehmungen weder die physische Distanz noch die Zeit eine Rolle. Sie können demnach Orte, aber auch Ereignisse in der Gegenwart, Vergangenheit oder Zukunft auswählen.

Wir raten jedoch dringend davon ab, sich als ungeübter Empfänger in brutale oder martialische Szenen, Katastrophen, kriminelle Handlungen oder sonstige dramatische und traumatisierende Orte oder Ereignisse zu versetzen. Das widerspricht auch unserer Intention und den Zielen dieses Buches. Das mit Abstand beste und einfachste Ziel sind geografische Orte und Szenen oder einfache physische Objekte und Bilder.

4. Der Agent beschreibt die Szene

Nun ist der Agent gefragt: Sie müssen sich an den ausgewählten Ort begeben und mit dem Testfragebogen beurteilen, was Sie dort sehen und erleben. Dann wird Ihr Fragebogen mit dem des Empfängers verglichen und überprüft, wie viele Übereinstimmungen Sie beide haben.

Der Testfragebogen

Dies ist der Original-Testfragebogen – eine binäre Checkliste –, den wir bei unseren Experimenten an der Princeton University verwendet haben.

Für den Empfänger ist es wichtig, Notizen und Skizzen zu machen, um die Erfahrung und die Eindrücke zu erfassen, während sie stattfinden. Das sollte geschehen, bevor er die Fragen auf dem Testfragebogen beantwortet.

Danach füllen beide – der Empfänger sofort und der Agent, während er vor Ort ist und das Ziel betrachtet – unabhängig voneinander den Testfragebogen aus, sodass beide Ergebnisse in Folge miteinander vergleichbar sind. Das sind die Fragen:

1. Findet ein wesentlicher Teil der wahrgenommenen Szene in Innenräumen statt?
2. Ist die Szene überwiegend dunkel, wie beispielsweise in schwach beleuchteten Räumen oder nachts draußen?
3. Umfasst ein wesentlicher Teil der Szene die Wahrnehmung von Höhe oder Tiefe, wie beispielsweise der Blick auf einen Turm, ein hohes Gebäude, einen Berg, eine Gewölbedecke, ungewöhnlich hohe Bäume oder auf ein Tal bzw. von einer erhöhten Position aus?
4. Ist die Szene aus Sicht des Agenten gut begrenzt, wie beispielsweise in einem Innenraum, einem Stadion, einem Innenhof?
5. Ist ein wesentlicher Teil der Szene begrenzt?
6. Ist ein wesentlicher Teil der Szene hektisch, chaotisch oder überladen?
7. Ist die Szene überwiegend farbenfroh, gekennzeichnet durch eine Fülle von Farben, oder sind herausragende farbenfrohe

Objekte hervorzuheben, wie beispielsweise Blumen oder Buntglasfenster? Nicht hervorzuheben sind etwa: blauer Himmel, grünes Gras, übliche Gebäudefarbe.

8. Sind in der Szene Schilder, Werbetafeln, Poster oder bildliche Darstellungen prominent sichtbar?

9. Gibt es eine signifikante Bewegung, die in die Szene integriert ist, wie beispielsweise eine Kolonne fahrender Fahrzeuge, gehende oder laufende Menschen, vom Wind verwehte Gegenstände?

10. Gibt es einen expliziten und signifikanten Sound zu hören, wie beispielsweise Stimmen, Vogelgezwitscher, Hörner, Windgeräusche?

11. Sind andere Personen oder Gestalten in der Szene von Bedeutung als der Agent selbst oder solche in Gebäuden, Fahrzeugen etc.?

12. Sind Tiere, Vögel, Fische, Insekten oder Gestalten in der Szene von Bedeutung?

13. Dominiert ein einzelnes Objekt oder Gebäude die Szene?

14. Ist der zentrale Fokus der Szene in erster Linie natürlich, also nicht in einer von Menschen gemachten Umgebung?

15. Ist die unmittelbare Umgebung der Szene überwiegend Natur, also nicht von Menschen gemacht?

16. Sind in der Szene Denkmäler, Skulpturen oder Ornamente zu finden?

17. Sind explizite geometrische Formen, wie beispielsweise Dreiecke, Kreise oder Teile von Kreisen – wie Bogen –, Kugeln oder Teile von Kugeln etc. (aber ohne normale rechteckige Gebäude, Türen oder Fenster etc.), bedeutsam in der Szene?

18. Gibt es Pfosten, Stangen oder ähnliche dünne Gegenstände, wie beispielsweise Säulen, Laternenpfähle oder Schornsteine (keine Bäume)?

19. Sind Türen, Tore oder Eingänge in der Szene von Bedeutung (nicht als Teil von Fahrzeugen)?
20. Sind Fenster oder ist Glas in der Szene von Bedeutung (ausgenommen als Teil von Fahrzeugen)?
21. Sind in der Szene Zäune, Tore, Geländer, Trennwände oder Gerüste zu sehen?
22. Kommen Stufen oder Treppen in der Szene vor (ausgenommen Bordsteine)?
23. Gibt es eine regelmäßige Wiederholung einiger Objekte oder Formen, wie beispielsweise eine Garage voller Autos, ein Jachthafen mit vielen Booten oder eine Reihe von Bogen?
24. Gibt es Flugzeuge, Boote oder Züge bzw. Modelle davon, die sich in der Szene bewegen oder stationär sind?
25. Gibt es andere wichtige Geräte in der Szene, wie beispielsweise Traktoren, Karren oder Benzinpumpen?
26. Gibt es Autos, Busse, Lastwagen, Fahrräder oder Motorräder oder Modelle davon, die sich in der Szene bewegen, fahren oder stehen (ausgenommen das Auto des Agenten)?
27. Machen Gras, Moos oder eine ähnliche Bodenbedeckung einen bedeutenden Teil der Oberfläche aus?
28. Enthält ein zentraler Teil der Szene eine Straße, einen Weg, eine Brücke, einen Tunnel, Eisenbahnschienen oder einen Flur?
29. Ist Wasser ein wichtiger Teil der Szene?
30. Sind in der Szene Bäume, Sträucher, Büsche oder große Topfpflanzen zu sehen?

Die Testergebnisse

Der Testfragebogen enthält 30 Fragen, die Sie mit Ja oder Nein beantworten können. Die erwartete Übereinstimmung zwischen der Beschreibung des Empfängers und der Beschreibung des Agenten beträgt 15 von 30, was einer Wahrscheinlichkeit von 0,5 entspricht. Das heißt: Wenn zwischen Empfänger und Agent 15 Antworten übereinstimmen, so ist dies exakt das zu erwartende Ergebnis, da es bei jeder Frage nur ein Ja oder Nein als Antwort geben kann und somit die Wahrscheinlichkeit, dass beide dieselbe Antwort geben, bei jeder Frage 50 zu 50 ist.

Die Wahrscheinlichkeit eines außergewöhnlichen Ergebnisses oder einer signifikanten Leistung, wie sie in der Wissenschaft genannt wird, die zeigt, dass hier besondere Fähigkeiten in der Fernwahrnehmung vorliegen, kann mathematisch berechnet werden. Hierzu müssen Sie den erwarteten Mittelwert und die Standardabweichung kennen. Das übliche Kriterium für die Signifikanz ist $p = 0,05$ oder 1 zu 20. Wir zeigen Ihnen, wie viele korrekte Übereinstimmungen erforderlich sind, um diesen Standard zu erfüllen, wenn Sie einen, zwei oder mehrere Testversuche durchführen. Der empirisch erwartete Mittelwert der korrekten Übereinstimmungen, basierend auf langjährigen Experimenten im PEAR Lab der Princeton University unter Verwendung des binären Testfragebogens mit 30 Fragen, beträgt 0,5025; die Standardabweichung beträgt 0,1216.

Die Tabelle auf Seite 89 zeigt die Standardabweichung und die zusätzlichen Übereinstimmungen, die für eine signifikante Leistung in einem Fernwahrnehmungsexperiment unter Verwendung der binären Liste erforderlich sind. Dabei wird die Anzahl der zusätzlichen Übereinstimmungen über den erwarteten 15 angezeigt, die Standardabweichung, die Anzahl der Übereinstimmungen

(Match Count) und die Gesamtzahl der korrekten Übereinstimmungen für die Anzahl der Versuche. Wenn Sie beispielsweise nur einen Versuch durchführen, benötigen Sie mehr als 6 zusätzliche Übereinstimmungen oder insgesamt 21 richtige Übereinstimmungen, um einen signifikanten Unterschied zur Zufallserwartung zu erzielen. Das heißt: Wenn Sie statt 15 Übereinstimmungen 21 oder mehr, wie beispielsweise 23, haben, so ist dieses Ergebnis signifikant und liegt deutlich über der statistischen Erwartung und dem Zufall.

Wenn Sie nun die Anzahl der Versuche, also Experimente, auf 4 erhöhen, benötigen Sie durchschnittlich nur 3 zusätzliche Übereinstimmungen (somit 18 insgesamt statt 15, die der zu erwartende Normalwert wären) oder insgesamt 72 korrekte Übereinstimmungen (statt 60, die zu erwarten wären – also 4 Versuche mit je 15 Übereinstimmungen –, erreichen Sie 72 oder mehr), um ein signifikantes Ergebnis zu erzielen. Haben Sie also bei 4 Versuchen 72 oder mehr Übereinstimmungen, so kann dies ein Indiz dafür sein, dass der Empfänger über besondere Fähigkeiten im Bereich der Fernwahrnehmung verfügt.

In der letzten Zeile der Tabelle werden die verschiedenen Statistiken und Zählungen für 100 Versuche angezeigt, um einen Eindruck davon zu bekommen, wie ein professionelles Experiment aussehen könnte, wie wir es in Princeton gemacht haben. Weicht bei 100 Experimenten pro Versuch die Anzahl der richtigen Antworten nur um 0,6 ab – also würden beispielsweise 16 statt jeweils 15 Antworten übereinstimmen –, so wäre das Ergebnis bereits signifikant. Das heißt: Die Übereinstimmung ist signifikant höher, als mathematisch-statistisch zu erwarten wäre. Dies deutet auf besondere außergewöhnliche Fähigkeiten hin.

Versuche	Standard-abweichung	zusätzliche Überein-stimmungen	Match Count	Gesamtzahl der Überein-stimmungen
1	0,12	6	21	21
2	0,09	4,24	19,24	39
3	0,07	3,46	18,46	56
4	0,06	3	18	72
5	0,05	2,68	17,68	88
6	0,05	2,45	17,45	105
7	0,05	2,27	17,27	121
8	0,04	2,12	17,12	137
9	0,04	2	17	153
10	0,04	1,9	16,9	169
100	0,01	0,6	15,6	1560

6

Wie Kranke wieder gesund werden

Die heilende Kraft unserer Intention – und wie Meditation und Gebet uns verändern

»Ich werde leben.«

Als Glenn Sabin diese Worte zu seiner Frau Linda sagte, hatte er den Großteil seines steinigen Weges, der ihn bis an die Schwelle des Todes führen sollte, bereits hinter sich gebracht. Denn wenige Jahre zuvor klang die Diagnose, die ihm sein Arzt mitteilte, düster: »Sie werden sterben«, sagte Dr. Bruce Kressel, ein Onkologe und Leukämiespezialist am Johns Hopkins Kimmel Cancer Center des Sibley Memorial Hospital in Washington, D. C.

Glenn Sabin war 28 Jahre alt, seit zwei Jahren verheiratet und dabei, sich ein Leben mit seiner Frau Linda in Silver Spring, Maryland, aufzubauen. Er arbeitete hart im Medienunternehmen, das sein Vater Ira Sabin, ein ehemaliger Jazzschlagzeuger, in Washington, D. C., gegründet hatte und das er nun führte. Sie verlegten die *JazzTimes*, das wohl wichtigste Jazzmagazin der Welt mit einer Auflage von über 100 000 gedruckten Exemplaren. In seiner Zielstrebigkeit war ihm sein Vater Ira ein Vorbild: Er spielte zusammen mit dem legendären Trompeter Dizzy Gillespie und trat sogar für John F. Kennedy in Georgetown auf.

Es war eine jährliche Routineuntersuchung, die dazu führte, dass in Glenn Sabins Leben kein Stein auf dem anderen blieb. Denn sie ergab eine Diagnose, die er sich nicht einmal in seinen kühnsten Albträumen ausmalen hätte können: chronische lymphatische Leukämie (CLL). Ein bösartiger Krebs, der sonst meist Menschen jenseits des 70. Lebensjahres trifft. Die Therapie kann die verbleibende Lebenszeit verlängern, dennoch ist die Krankheit tödlich.

Es war September 1991, als Glenn Sabin seiner Frau Linda die Wahrheit mitteilte. »Er weinte am Telefon«, erinnert sie sich an den Moment, ab dem nichts in ihrem Leben mehr so sein sollte wie zuvor. Seine Worte waren unmissverständlich: »Ich werde sterben.« Ihre Antwort war ebenso klar: »Nein, wirst du nicht.« Sabins Arzt, der damals auch dessen Vater Ira behandelte, rief ihn an und teilte ihm mit, sein Sohn hätte noch sechs Monate zu leben.

Glenn Sabin war nicht bereit zu gehen – er wollte leben

Lee M. Nadler, Dekan für klinische Forschung am Dana-Farber Cancer Institute der Harvard Medical School, erinnert sich an den jungen Patienten. Er sei wütend gewesen und wollte nicht glauben, dass er in seinem Alter einen solchen Krebs bekommen könne. Es war ein Todesurteil.

Doch Sabin war nicht bereit zu gehen. Er wollte leben. »Damals konnte die gängige Behandlung die Symptome chronischer Leukämie bestenfalls lindern«, schildert er die niederschmetternde Situation. »Aber es gab keine Heilung. Der Verlauf war stets tödlich.«[43]

Sein Familienarzt überwies ihn an Dr. Bruce Kressel, einen Hämatologen, der eine Knochenmarkbiopsie durchführte. Sabin traf eine klare Entscheidung: »Ich werde diese Diagnose nicht hinnehmen. Mein Ziel ist Heilung, nicht das Umfahren schmerzhafter Schlaglöcher auf der Straße zum Tod.«[44] Glenn Sabin wollte seinen Kampf gegen den Krebs selbst führen, sekundiert von Ärzten, um ihn neutral zu dokumentieren. »Meine Verabredung mit dem Tod stand fest. Die moderne Medizin war machtlos, diese zu verschieben. Ich war aber nicht bereit zuzuschauen und zu warten. Ich wollte in meine eigene Behandlung involviert sein. So begann meine Reise, so viel wie möglich über meine Krankheit zu erfahren und über die Möglichkeiten, meinen Lifestyle zu ändern, um trotz der Diagnose gesund zu leben.«[45]

Keine Heilungschancen – und doch wurde Glenn völlig gesund

Es trat ein, was kein Arzt oder Wissenschaftler glauben konnte. »Seine Krankheit war verschwunden«, ist Lee M. Nadler noch heute überrascht. »Auch an der Johns Hopkins University kam man zum selben Schluss. Kann es eine spontane Heilung bei einer chronischen lymphatischen Leukämie geben? Die Wissenschaft sagt Nein.« Nachsatz: »Was er auch immer angewendet haben mag, seine tödliche Krankheit verschwand.«[46] 2021 bestätigte eine Biopsie an der Harvard Medical School, dass sein Knochenmark keinerlei Leukämiezellen enthält.

Glenn Sabins Fall wurde ausführlich dokumentiert und ist längst Teil der medizinischen Fachliteratur. Eine Spontanheilung oder Radikalremission – wie konnte es das geben? Sabin fasst in wenigen Sätzen zusammen, was sein individueller Weg war: »Die richtige Einstellung, die Überzeugung, die Krankheit besiegen zu können. Eine Stärkung des Immunsystems, Ernährung, körperliche Aktivität, optimale Flüssigkeitszufuhr, regenerativer tiefer Schlaf.«[47] Sabin wurde zum Verfechter einer evidenzbasierten, integrativen Onkologie, die die gesamte Person – Körper und Geist – behandelt und nicht nur Tumore. Er lehnt weder die Schulmedizin ab, noch empfiehlt er eine für alle geeignete Diät, ein Trainingsprogramm oder einen Ergänzungsplan. Er propagiert die Kraft und das Potenzial eines selbstbewussten, ganzheitlichen und integrativen Ansatzes zur Behandlung von Krankheiten.

Kommen negative Gedanken auf, so schick sie weg

»Von Anfang an versuchte ich, morbide Gedanken über die tödliche Krankheit nicht zuzulassen. Jeden Ansatz von Depression konterte ich mit positiven Gedanken«, so Sabin heute. »Wenn die Krankheit mich beschäftigte, dann immer in Zusammenhang mit positiven Gesundheitszielen.«[48]

Der Arzt und Wissenschaftler Dean Ornish, Gründer des Preventive Medicine Research Institute an der University of California, San Francisco, der Sabins Krankheit analysierte, bestätigt, dass er auch an für diese Art von Krebs typischen Nebenerkrankungen litt, darunter ein abnormaler Anstieg der Lymphozyten, der weißen Blutkörperchen, in seinem Knochenmark und schließlich im Blut bis zum Zehnfachen des Normalwertes (55 000/µL).

20 Jahre nach der ersten Diagnose zeigten das periphere Blut wie auch das Knochenmark keine molekularen Hinweise auf chronische lymphatische Leukämie oder irgendeine Form von Malignität. Neben der Änderung seines Lebensstils war vor

allem eines ausschlaggebend, so Dean Ornish: »Glenn nahm beim Genesungsprozess eine aktive Rolle ein und glaubte an die Wirkung dessen, was er tat.«[49]

Die Psychologin Kelly A. Turner hat sich intensiv mit der Radikalremission bei Krebs befasst. Sie hat das Radical Remission Project[50] ins Leben gerufen und eine Datenbank entwickelt, um jeden einzelnen Fall zu dokumentieren. Ein Jahr lang reiste Turner durch die Welt, um verschiedene Radikalremissionen zu analysieren.

Dabei hat sie neun wesentliche Faktoren bei Patienten ausmachen können, die häufig übereinstimmen. Neben einer Ernährungsumstellung oder der Übernahme der Kontrolle der eigenen Gesundheit sind es vor allem Faktoren, die mit der Psyche und dem Bewusstsein zu tun haben. Die Vertiefung der spirituellen Verbindung gehört ebenso dazu wie der eigenen Intuition zu folgen, unterdrückte Emotionen loszulassen und positive zu steigern. Ihre Theorie: Radikalremissionen sind nicht spontan, sondern werden durch eine Reihe verschiedener biologischer und physiologischer Veränderungen ausgelöst. Diese rational nicht erklärbaren Remissionen, die vom eigenen Geist und Körper erzeugt werden, sprächen – so Turner – für die »komplexen Phänomene der Epigenetik«[51].

Was die tatsächlichen Ursachen für weltweit Tausende radikale oder spontane Heilungen sind, die umfassend dokumentiert wurden, wissen wir letztendlich nicht. Dass jedoch neben dem Lebensstil und den Genen auch unsere Gedanken, unsere Intention und unsere Handlungen die Anfälligkeit für bösartige Erkrankungen – nebst unserer Fähigkeit, selbst die fatalste Prognose zu überleben – stark beeinflussen, daran besteht kein Zweifel.

»Die Menschen haben auf unterschiedlichste Weise den Kontakt zu ihren Instinkten verloren«, folgert Kelly A. Turner. »Der

Instinkt ist mit dem Einmaleins vergleichbar. Übt man nicht stetig, verlernt man einiges.«[52] Sie empfiehlt, auf Körpersignale zu hören und die Intuition zu aktivieren.

Neun Faktoren, die Menschen mit Radikalremissionen vereint

Kelly A. Turners Forschung auf dem Gebiet der Radikalremissionen und unerklärlichen Heilungen sowie das von ihr gestartete Radical Remission Project zeigen: Nur zwei der neun häufigsten Faktoren, die nach Aussagen der Erkrankten zu ihrer Heilung geführt haben, waren physischen Ursprungs. Die anderen sieben sind von emotioneller oder spiritueller Natur. Bei allen von ihr erforschten Fällen von Radikalremission wurden diese neun Faktoren am häufigsten genannt, wenn Patienten erklären sollten, was ihrer Meinung nach ihre eigene Heilung ermöglichte. Sie beschreibt sie ausführlich in ihrem Buch *9 Wege in ein krebsfreies Leben. Wahre Geschichten von geheilten Menschen*[53]:

1. **Eine radikale Umstellung der Ernährung:** Dazu gehört die Vermeidung von Zucker, Milchprodukten, Fleisch und verarbeiteten Nahrungsmitteln. Empfohlen wird, viel Obst und Gemüse zu sich zu nehmen, dazu nur biologische Lebensmittel auszuwählen und – was in den USA wichtiger sein dürfte als in europäischen Ländern – filtriertes Wasser zu trinken.
2. **Die Kontrolle über die eigene Gesundheit übernehmen:** Patienten müssen die Kontrolle über und Verantwortung für ihren Körper übernehmen. Es ist falsch zu glauben, dass der Arzt die Heilung herbeiführt. Der Körper ist ein hoch entwickelter Organismus, der eine Einheit mit Geist und Seele

bildet. Werden Sie selbst zum Hauptentscheidungsträger. Recherchieren Sie und stellen Sie auf dieser Basis Ärzten die richtigen Fragen.

3. **Folgen Sie der eigenen Intuition:** In lebenswichtigen Dingen sollte die Entscheidung aus dem Unbewussten kommen, dem Inneren. Hören Sie auf Ihren Körper und seine Signale. Achten Sie auf Ihr Bauchgefühl und Ihre Intuition.

4. **Lassen Sie unterdrückte Emotionen los:** Krankheit wirkt oft wie eine Blockade auf physischer, emotionaler oder spiritueller Ebene oder ist das Ergebnis hiervon. Lösen Sie sich von unterdrückten Emotionen und Gefühlen aus der Vergangenheit, an denen Sie noch immer festhalten.

5. **Vertiefen Sie Ihre spirituelle Verbindung:** Viele Patienten beschrieben die Verbindung zu einer höheren Macht oder Energie als wichtigen Faktor für ihre Heilung. Manche nennen sie Gott, andere Prana oder einfach Energie. Den Geist zu beruhigen, wie beispielsweise durch Meditation, Yoga und andere Praktiken, spielt dabei oft eine wichtige Rolle.

6. **Lassen Sie soziale Unterstützung zu:** Fast alle Menschen, die eine Radikalemission erfahren haben und mit denen Kelly A. Turner sprach, glauben daran, dass die Liebe, die ihnen von anderen entgegengebracht wurde, die Heilung unterstützte. Wichtig ist, sich in der Krankheit nicht allein zu fühlen. Umarmungen und physische Berührungen – in Zeiten von Covid-19 leider nicht mehr alltäglich – schaffen Nähe.

7. **Verstärken Sie positive Emotionen:** Glück, Liebe und Freude sind ganz wichtige Gefühle, die Krebspatienten mit Radikalremissionen am liebsten täglich erleben wollten. Lernen Sie, sich selbst, Ihr Leben und die Menschen in Ihrem Umfeld trotz der Diagnose zu lieben. Ein Verharren in Angst hilft weder der Psyche noch dem Immunsystem.

8. **Kräuter und Nahrungsergänzungsmittel:** Zur Stärkung des Immunsystems nahmen viele der Patienten mit Radikalremission Kräuterpräparate, Vitamine und andere Nahrungsergänzungsmittel ein, die auch dabei halfen, den Körper zu entgiften. Wichtig: Diese können immer nur ergänzend wirken, sie sind keine alleinige Therapie.

9. **Starke Gründe für das Leben haben:** Unbedingt leben zu wollen ist der wichtigste Impuls. Dieses Verlangen muss aus dem tiefsten Inneren kommen und sollte nicht infrage gestellt werden. Angst ist ein Ausdruck von Hilflosigkeit. Überwiegen Vertrauen und Zuversicht, weil man weiterleben will, ist dies ein Vorteil. Der Geist leitet den Körper – nicht der Körper der Geist.

Diese neun Faktoren zu befolgen kann die Überlebenswahrscheinlichkeit erhöhen, so Turner, und im Idealfall zu einer Heilung beitragen. Sie sind jedoch keine Garantie dafür, dass man eine schwere Krankheit eher überleben wird. Deshalb sind sie immer nur ergänzend zu herkömmlichen Therapien anzuraten.

Weder Turner noch andere Wissenschaftler, die sich mit Spontanheilungen auseinandersetzen, sind Kritiker traditioneller westlicher Medizin. Keiner von ihnen lehnt klassische Heilverfahren – ob Operation, Strahlen- oder Chemotherapie – grundsätzlich ab. Das wäre auch eine völlig falsche Empfehlung. Aber es zeigt sich nach Analyse von Studien und von Einzelfällen, dass es neben der medizinischen Intervention noch eine andere Ebene gibt, die für einen Heilungserfolg mit ausschlaggebend ist.

Die Gründe, warum tödliche Krankheiten bei manchen Patienten nicht letal enden, sondern zu einer völligen Heilung führen, sind mit dem gängigen medizinischen Wissen nicht nachzuvollziehen. Dass sie aber tausendfach passieren, ist klar beweisbar: durch Diagnosen am Anfang und Ende eines Heilungsprozesses, durch Zehntausende MRT-, Blut- und sonstige Befunde, die dazwischenliegen und belegen, wie Tumore kleiner werden und schließlich ganz verschwinden. Diese Spontanheilungen bzw. Radikalremissionen sind nicht reproduzierbar, zumindest nicht mit den heutigen medizinischen Methoden. Es sind Einzelfälle, die jedoch in wissenschaftlichen Datenbanken und Journalen umfassend dokumentiert sind.

Interessanterweise machte sich kaum ein Forscher die Mühe, die Patienten selbst zu befragen, worin ihrer Meinung nach die Ursachen ihrer Heilung lagen. Erst Kelly A. Turners Arbeit, die mit Hunderten Patienten sprach, die eine tödliche Krankheit entgegen allen Prognosen überlebten, lässt Rückschlüsse zu.

Die Kraft der spirituellen Energie

Ein ganz wesentlicher Aspekt ist das Vertiefen einer spirituellen Verbindung, die Turner bewusst nicht als »Gott«, »Seele« oder »Chi« bezeichnet, sondern als spirituelle Energie.[54] Die meisten beschreiben sie als intensive Emotion, als eine »Energie, die durch den Körper fließt« und den physischen als auch den emotionalen Körper in »tiefen Frieden und bedingungslose Liebe« hüllt. Auch Menschen ohne religiösen Glauben sind in der Lage, diese glückselige spirituelle Energie zu spüren.

Diese Erfahrung ist uns nicht neu: Der Blick ins Tal bei einer Bergwanderung, der Moment nach einer entspannenden Massage, das Gefühl am Ende einer Yogastunde – auch das ist spirituelle Energie. Dieses Gefühl lässt sich gezielt hervorrufen: einerseits durch Meditation, anderseits durch religiöse Rituale wie gemeinsames Beten, Mantras oder Chanting, also das Singen oder melodische Sprechen von Texten. Eine spirituelle Verbindung herzustellen verbindet die meisten Schilderungen von Menschen, die eine Spontan- bzw. Radikalheilung erlebten. Dass Gebete und Meditation Materie beeinflussen können, belegten unsere Experimente am PEAR Lab der Princeton University. Wir begannen, mobile Zufallszahlengeneratoren – wir nannten sie Field REGs (Random Event Generators) – in Kirchen und Tempel mitzunehmen, wo meditiert bzw. gebetet wurde. Uns war klar: Das Field REG ist eine unbestechliche Maschine, die zu jedem Zeitpunkt Zufallszahlen liefert. Können betende bzw. meditierende Menschen ein solches Gerät so beeinflussen, dass in diesen Zahlen eine Ordnung eintritt, die es nicht geben dürfte, dann wäre dies ein eindeutiger Beweis, dass während der Meditation bzw. des Gebets etwas passiert, was wir tatsächlich messen können.

Wir dokumentierten unsere Versuche mit den Field REGs nach einem exakten Protokoll, wussten also, wann beispielsweise eine Meditation begann, wann sie effektiv war und wann sie schließlich endete. Anschließend analysierten wir die Daten. Unsere Ergebnisse belegten eindeutig: Meditierende und betende Menschengruppen verändern die Ergebnisse eines Zufallszahlengenerators. Sie wichen plötzlich von den zu erwartenden Werten ab.

Eine Gruppe, die zu einem solchen Ritual zusammenkommt, erzeugt ein geordnetes Feld, ein kohärentes Gruppenbewusstsein. Dieses Bewusstseinsfeld integriert das Field REG sozusagen in die Gruppe. Das Ergebnis ist eine Änderung der zufälligen Zahlenreihen. Die Daten des Field REG werden leicht strukturiert, es tritt eine Ordnung ein, die sich in unseren statistischen Analysen zeigte.

Viele Situationen im normalen Leben schaffen neben Meditation und Gebet diese Art von kohärentem Gruppenbewusstsein, zum Beispiel die gemeinsame Wertschätzung großartiger Musik in einer Oper. Überraschenderweise wirken sich Massenversammlungen bei Sportveranstaltungen wie bei der Fußballweltmeisterschaft nicht zuverlässig auf unsere Field-REG-Instrumente aus – wahrscheinlich, weil es durch die beiden Mannschaften und ihre Fans zwei starke konkurrierende Kräfte gibt.

Meditation verändert sogar einen Cabernet Sauvignon

Stephan A. Schwartz von der Saybrook University in Kalifornien beschäftigt sich in seiner Forschungsarbeit und als Autor seit vier Jahrzehnten mit dem Bewusstsein. Seine Studiendesigns sind oftmals außergewöhnlich, liefern aber meist eindeutige Beweise.

So machte er eine Serie von zwölf Experimenten, bei denen jeweils Weinflaschen eines kalifornischen Cabernet Sauvignons (750 ml) in zwei identische Karaffen mit jeweils 375 ml dekantiert wurden.[55] Mit einer der Karaffen passierte gar nichts. Die andere wurde in die Mitte eines Raumes gestellt, wo eine Gruppenmeditation stattfand und die Meditierenden gebeten wurden, ihre Intention und Heilungsabsicht auf diese Karaffe zu richten. Die Meditation dauerte zwischen 20 und 30 Minuten. Danach wurde der Inhalt beider Karaffen in 14 gleiche Rotweingläser eingeschenkt und den Testpersonen, von denen jeder zwei Gläser bekam – eines mit jenem Wein, der Ziel der Meditation war, und eines mit dem anderen »unbehandelten« –, vorgesetzt.

Man erzählte ihnen, dass eine größere Anzahl von Weinflaschen bestellt werden solle und es daher wichtig sei, den besseren der beiden Weine auszuwählen. Sie wussten nicht, dass sich in beiden Gläsern exakt derselbe Wein aus ein und derselben Flasche befand, sie wussten auch nichts vom Experiment bzw. der Meditation selbst. Die Testpersonen mussten auf eine Karte notieren, welcher der beiden Weine ihnen besser schmeckt. Das Ergebnis: In elf von zwölf Experimenten wurde jener Wein klar als besser empfunden, der Ziel der Meditation war, bei einem Experiment war das Ergebnis unentschieden. Dies entspricht einer Wahrscheinlichkeit von $p = 0,00049$ oder anders ausgedrückt: Sie werfen elfmal eine Eineuromünze, und sie zeigt jedes Mal Zahl. In der Folge wiederholte Schwartz das Experiment mehrfach und ließ den Wein chemisch sowie unter dem Elektronenmikroskop analysieren. Er war stets physikalisch und chemisch identisch mit jenem, der nicht Ziel der Meditation war. Und trotzdem war das Ergebnis ein anderes.

Positive Intention beeinflusst unsere Speisen

2007 hat Dean Radin, Forschungsdirektor des Institute of Noetic Sciences (IONS) in Petaluma, Kalifornien, ein ähnliches Experiment mit Schokolade durchgeführt.[56] Er wollte feststellen, ob Schokolade, die positiven Absichten ausgesetzt ist, die Stimmung der Testpersonen stärker hebt als unbehandelte.

Bei vielen religiösen Ritualen wie dem Segnen von Wasser, Wein und Brot spielt gezielte positive Intention eine wichtige Rolle. Aber auch Tischgebete vor dem Essen oder das Zuprosten sind universelle Handlungen in zahlreichen Kulturen. Die Liebe, mit der eine Mutter Essen zubereitet, ist anders als das bloße

Handwerk eines Kochs im Restaurant, der mittags Dutzende Speisen kocht und vorbereitet – es schmeckt auch anders. In manchen Kulturen hält sich bis heute die Überzeugung, dass Gebete, aber auch Absichten in Gegenständen verankert werden können. Gesegnetes Essen oder Wasser soll zu Heilungen führen können. Die traditionelle Wissenschaft sieht darin bestenfalls einen Placeboeffekt, denn wenn dem nicht so wäre, müsste unser Geist Materie beeinflussen und verändern können. Dass dies möglich ist, beweisen neben unseren Versuchen an der Princeton University auch Radins Experimente.

62 Testpersonen wurden dabei in vier Gruppen aufgeteilt. Sie hatten die Aufgabe, eine Woche lang jeden Tag ihre Stimmung mithilfe des Profils der Stimmungszustände (Profile of Mood States, POMS) – ein zahlreiche Punkte umfassender Selbstreport – zu dokumentieren. Sie lebten fast alle in der Region San Francisco Bay, um Stimmungsschwankungen aufgrund von Wetteränderungen möglichst ausschließen zu können. An den Tagen drei, vier und fünf musste jeder Proband zweimal täglich ein Stück dunkle Schokolade mit 68 Prozent Kakaoanteil von Hawaiian Vintage Chocolate essen. Den Teilnehmern wurde zuvor erklärt, dass sie eine Schokolade erhielten, die entweder unbehandelt sei oder auf die eine bewusste Intention gerichtet wurde. Letztere hätte zur Folge, dass jede Person, die diese Schokolade konsumiere, »eine optimale Gesundheit und in körperlicher, emotionaler und geistiger Hinsicht insbesondere ein starkes Gefühl von Energie, Kraft und Wohlbefinden«[57] erfahren würde. Wie die Intention auf die Schokolade gerichtet wurde, blieb den Testpersonen verschlossen.

Tatsächlich wurden gleich drei Methoden angewandt: Die Schokolade wurde zwei erfahrenen meditierenden Mönchen des Deep Park Buddhist Center in Wisconsin, angeführt vom

Ehrwürdigen Geshe Lhundub Sopa, einem lebenslangen Lehrer des tibetischen Buddhismus, übergeben. Sie richteten ihre Intention für 20 Minuten auf die Süßigkeit. Die zweite Methode war, dass sechs Mönche des Deep Park Buddhist Center 30 Minuten lang vor einem speziellen elektronischen Aufnahmegerät (Intention-imprinted Electrical Device) meditierten und chanteten. Diese Aufzeichnung wurde fünf Tage lang in einem faradayschen Käfig vor besagter Schokolade abgespielt. Die dritte Methode bestand in einem Ritual eines mongolischen Schamanen, Zorigtbataar Banzar, vom Shid-Boo Shaman Center in Ulaanbaatar.

Drei Gruppen erhielten bei dieser Doppelblindstudie Schokolade, die mit diesen Techniken behandelt wurde. Die vierte Gruppe erhielt als Kontrollgruppe eine unbehandelte. Die Hypothese war, dass sich die Stimmung während der drei Tage nach dem Verzehr in der Gruppe mit jener Süßigkeit, die den beschriebenen Methoden ausgesetzt war, stärker verbessern würde als bei der Kontrollgruppe. Alle Teilnehmer füllten dazu jeden Abend den POMS-Fragebogen aus.

Das Ergebnis bestätigte die Hypothese. Am dritten Tag nach dem Verzehr war die Stimmung in jenen Gruppen, die eine behandelte Schokolade erhielten, signifikant besser als in der Kontrollgruppe. Hauptursachen für die Stimmungsverbesserung waren die Faktoren abnehmende Müdigkeit ($p = 0,01$) und zunehmende Vitalität ($p = 0,002$).

Dieses Experiment unterstützt die Theorie, dass der Akt des Segnens von Essen mit guten Absichten weit über das bloße Ritual und Aberglauben hinausgehen kann. Es hat messbare Konsequenzen.

2013 hat Dean Radin mit Yung-Jong Shiah von der National Kaohsiung Normal University in Taiwan eine weitere Studie mit ähnlichem Aufbau durchgeführt. Statt Schokolade wurde diesmal Oolong-Tee verwendet, von dem jeder Teilnehmer der Studie am dritten, vierten und fünften Tag morgens und nachmittags jeweils 600 ml trinken musste. Ein Tee wurde von drei buddhistischen Mönchen durch Intention und Gebet behandelt, die Kontrollgruppe erhielt unbehandelten Tee aus derselben Quelle. Auch hier wurde die Stimmung wieder durch POMS-Fragebogen beschrieben.

Diejenigen, die behandelten Tee tranken, zeigten eine signifikant stärkere Stimmungsverbesserung als diejenigen, die die unbehandelte Variante zu sich nahmen. Wenn die Teilnehmer glaubten, den gesegneten Tee zu trinken, war die Stimmungsänderung ungleich intensiver als bei denen, die es nicht glaubten.

Der Einfluss auf lebende Organismen

Wein, Tee, Schokolade – die Ergebnisse sind verblüffend. Aber sind sie auch bei lebenden Organismen im Experiment nachweisbar?

Bereits 1968 hat sich der junge Arzt und Forscher Jean Barry des Institut Métapsychique International in Paris, zu dessen Gründungsmitgliedern der Medizin-Nobelpreisträger Charles Richet gehörte, als Erster mit den Auswirkungen des Denkens auf biologische Systeme beschäftigt, insbesondere auf das Wachstum von Pflanzen und Bakterien. Das Institut Métapsychique International war auch Kooperationspartner unseres Global Consciousness Project.

Barry machte Experimente mit Pilzkulturen von *Trichaptum biforme*, auch Violettrandige Tramete genannt, einer Pilzart mit violetten Rändern, die er unter optimalen Bedingungen in

Petrischalen kultivierte. Jeder Testperson wurden fünf Petrischalen für die Intervention und fünf Kontrollschalen zugeordnet, mit denen nichts passierte. Die Probanden wurden im Abstand von 1,5 Metern vor den Petrischalen platziert und hatten die Aufgabe, sich 15 Minuten lang mit ihren Gedanken auf diese zu konzentrieren, und zwar mit der Absicht, ihr Wachstum zu hemmen.[58] Die Ergebnisse wurden gemessen.

Von 39 Versuchen waren 33 erfolgreich. Das Ergebnis war nicht nur signifikant, sondern auch konsistent. Bei 194 experimentellen Petrischalen waren 151 Treffer ($p < 0,001$). Was diese Studie noch interessanter macht: Intention geht in jede Richtung. In vielen Untersuchungen ist die therapeutische Absicht eine Verbesserung der Gesundheit des Organismus. Die Aufgabe der Testpersonen war in diesem Experiment jedoch nicht, das Wachstum zu beschleunigen, sondern zu verlangsamen. In diesem Kontext wäre es interessant, Flüche oder das »böse Auge« wie auch Personengruppen, die zum Teil als Mythen angesehen werden, wie beispielsweise Hexen, zu untersuchen.

Nach Barry widmeten sich weitere Wissenschaftler und Forschergruppen Experimenten, bei denen es darum ging, durch Intention lebende Kulturen zu beeinflussen.

Erlendur Haraldsson, Professor für Psychologie, und der Biochemiker T. Thorsteinsson führten an der Medizinischen Fakultät der University of Iceland ein Experiment mit sieben Testpersonen durch: zwei spirituellen Heilern, einem Arzt, der an spiritueller Heilung interessiert war und daran glaubte, und vier Studenten ohne besonderes Interesse an Heilung.[59] Ihnen wurde aufgetragen, ihre heilende Intention für jeweils zehn Minuten auf Hefepilze in Reagenzgläsern zu richten. Sie durften diesen nicht näher als 30 Zentimeter kommen. Alles in allem wurden zwölf Sitzungen durchgeführt und 240 Reagenzgläser verwendet: 120, auf die Absicht gerichtet wurde, und 120 ohne Einwirkung zur Kontrolle. Das Hefewachstum wurde anschließend verglichen.

Die Ergebnisse zeigen, dass die mentale Konzentration oder Absicht der spirituellen Heilung das Wachstum der Hefe signifikant positiv beeinflusste. Bei den beiden spirituellen Heilern und dem Arzt, der an spirituelle Heilung glaubte, wuchs in 32 Reagenzgläsern, auf die die Intention gerichtet war, die Hefe stärker, während bei der Kontrollgruppe nur neun ein schnelleres Wachstum aufwiesen. Bei weiteren neun war das Wachstum gleich. Das Ergebnis dieser Heilergruppe war eindeutig (z = 3,80; p = 0,00014). Bei den Studenten, die kein Interesse an spiritueller Heilung hatten, betrug das Verhältnis zwischen schnellerem Wachstum in jenen Reagenzgläsern, auf die sie ihre Absicht gelenkt hatten, zur Kontrollgruppe 26 zu 24; das Ergebnis war also fast gleich. Diese Studien lassen Rückschlüsse zu, dass spirituelle Heiler einen positiven Effekt auf die Gesundheit von Patienten haben könnten.

Generell scheint in Island die Akzeptanz spiritueller Faktoren auf die Heilung speziell auch bei Ärzten weit verbreitet. In einer Studie haben 38,5 Prozent der Ärzte positive Auswirkungen von spiritueller Heilung auf einige ihrer Patienten festgestellt.[60] In 8 Prozent der Fälle wurde der Effekt vom Arzt schließlich als Einbildung des Patienten eingestuft, in 21,3 Prozent als Placebowirkung und in 8,6 Prozent als realer therapeutischer Effekt. In 22,4 Prozent der Fälle berichteten die Ärzte, dass sie negative Auswirkungen der spirituellen Heilung beobachtet hatten. 16,7 Prozent dieser Fälle sind indirekt auf Verzögerungen beim Beginn einer konventionellen Behandlung zurückzuführen, da die Patienten es einfach verabsäumt hatten, sich auch in dieser Form therapieren zu lassen.

Überraschendes Detail am Rande: 10 Prozent der Ärzte in Island haben bereits Hilfe von spirituellen Heilern gesucht, 6 Prozent für sich selbst und 4 Prozent für andere. Von diesen fanden 70 Prozent diese Art der Behandlung nützlich. Insgesamt hatten 41 Prozent der erwachsenen Bevölkerung Islands – also praktisch jeder Zweite – zumindest einmal einen spirituellen oder mentalen Heiler um Hilfe gebeten. Solche Besuche waren bei Frauen (56 Prozent) mehr als doppelt so häufig wie bei Männern (24 Prozent). Ein Drittel derjenigen, die eine solche Heilung suchten, empfanden dies als sehr hilfreich, nur 9 Prozent stuften es als nicht hilfreich ein.

Experimente, um den Einfluss unserer Gedanken und der Intention auf lebende Organismen oder die Materie nachzuweisen, gab es verschiedenste, und die meisten brachten signifikante Ergebnisse zutage. Sie belegen: Ein positiver Einfluss durch Intention ist möglich. Ob es Versuche mit Kressesamen waren, deren Wachstum Heiler beeinflussen sollten,[61] Experimente zum Wachstum verschiedener Pflanzen[62] oder der Einfluss von heilender Intention auf Blutzellen und Zellpräparate[63] – jedes Mal haben sich Wissenschaftler in kontrollierten, protokollierten und auf Basis wissenschaftlicher Forschung konzipierten Experimenten mit dem Thema auseinandergesetzt und signifikante Ergebnisse geliefert. Was wir hier vorliegen haben, sind Fakten und Resultate wissenschaftlicher Forschung, kein esoterischer Humbug.

Auch zahlreiche Studien mit Tieren wurden durchgeführt. Wir lehnen Tierversuche prinzipiell ab, sofern nicht eine zwingende Notwendigkeit besteht. Aber es gab diese Versuche in der Vergangenheit, und die Ergebnisse waren auch hier immer wieder überzeugend. Zu den verwendeten Versuchsmodellen gehörten Tumorregression, Wundheilung und die Erholung von einer

Anästhesie. So wurden beispielsweise identische Wunden von Mäusen und deren Wundheilung täglich gemessen, wobei die Hälfte der Testgruppe durch einen Heiler und seine heilende Intention »behandelt« wurde. Nach vierzehn Tagen waren die Wunden der behandelten Gruppe signifikant schneller verheilt als die der Kontrollgruppe (p < 0,001).[64] Auch andere Experimente brachten ähnliche Ergebnisse.[65]

Alle diese Studien zeigen eines deutlich: Unsere Fähigkeit, durch Intention Materie zu beeinflussen – ganz unabhängig ob in einem wissenschaftlichen oder religiösen Kontext –, ist wirksam.

Die Schlussfolgerung daraus: Es handelt sich dabei um Fähigkeiten, die nichtlokal und auch nicht physiologisch begründet sind. Es ist eine Welt-Kraft, die hier am Werk ist. Sie wirkt auf nichtlebendige Materie ebenso wie auf lebende Organismen und beeinflusst diese auf eine Weise, die objektiv gemessen werden kann. Mehr noch: Sie bringt Änderungen hervor, die physisch sind. Sie sind Belege empirischer Wissenschaft.

Auch beim Menschen zeigen Studien eindeutige Auswirkungen. So ließ Randolph C. Byrd, ein Kardiologe aus San Francisco, eine Gruppe von Christen für 192 von 393 Patienten beten, die übrigen 201 wurden der Kontrollgruppe zugeordnet. Alle waren Patienten der Herzstation des San Francisco General Hospital. Im *Southern Medical Journal* wurde eine von Experten begutachtete Studie der Southern Medical Association veröffentlicht, die eindrucksvoll zeigte, dass die Patienten, für die gebetet wurde, einen signifikant niedrigeren Schweregrad des Krankheitsverlaufs hatten (p < 0,01).[66] Die Kontrollpatienten benötigten deutlich häufiger Beatmungsunterstützung, Antibiotika und Diuretika. Diese Daten legen nahe, dass Gebete für Patienten einer Koronarstation eine vorteilhafte therapeutische Wirkung haben.

In einer anderen Studie mit 990 herzkranken Patienten kamen William S. Harris vom St. Luke's Hospital in Kansas City, Missouri, und seine Kollegen zu folgendem Ergebnis: Patienten, für die von Ordensleuten gebetet wurde, schnitten in Bezug auf den Verlauf ihrer Herzerkrankungen signifikant besser ab als die Kontrollgruppe, für die nicht gebetet wurde. Gemessen wurden mehr als 30 Faktoren.[67]

Trotzdem werden Ergebnisse wie diese von großen Teilen der Wissenschaft entweder ignoriert, abgelehnt oder bekämpft, denn sie widersprechen unseren traditionellen wissenschaftlichen Erklärungsmodellen. Wie lange haben beispielsweise die Akupunktur, die vor über 6000 Jahren ihren Anfang nahm, oder die ayurvedische Medizin, die sich im ersten Jahrtausend v. Chr. entwickelte und auf der Überzeugung basiert, dass Gesundheit vom Gleichgewicht zwischen Körper, Geist und Seele abhängt, bis zu einer breiten Akzeptanz in unserer Gesellschaft gebraucht? Heute bieten Ärzte Akupunktur völlig selbstverständlich als alternative Medizin in ihren Praxen an.

Dass wir mit unserer Intention und unseren Gedanken Materie beeinflussen können, ist kein reiner Glaube mehr. Es gibt schlüssige Beweise.

Der Glaube kann Berge versetzen

»Ich bin seit über 40 Jahren Arzt und habe ziemlich bald herausgefunden, dass es viele Dinge gibt, die wir aus naturwissenschaftlicher Sicht nicht verstehen können«, erzählt uns der Mediziner und Bestsellerautor Ruediger Dahlke in einem Interview. Auch seine Erfahrung ist: Positiv zu sein ist ein wesentlicher Faktor, um gesund zu werden. »Aber es ist nicht nur die

Willenskraft. Glaube an dich selbst, habe Vertrauen, aber andererseits musst du dich auch anstrengen.«

Ganz wichtig sei es, wenn man Spontanheilungen und Radikalremissionen betrachtet, das Individuum zu sehen und zu fragen: Was willst du wirklich?»Krebspatienten haben bessere Chancen, wenn sie zu ihrem inneren Willen zurückkehren«, sagt Dahlke.»Zu dem, was sie wirklich wollen. Es gibt Fälle, wo Patienten dann überlebt haben, weil sie endlich machen, was sie aus tiefsten Herzen wollen. Wie das christliche Sprichwort sagt: Der Glaube kann Berge versetzen.« Er betont:»Ich bin weder gegen westliche Medizin noch das, was an Universitäten gelehrt wird. Aber ich glaube, wir brauchen mehr als das. Ich würde niemals sagen: Lassen Sie sich nicht operieren, sondern vertrauen Sie auf alternative Medizin. Das wäre lächerlich. Aber wir müssen mehr Dinge berücksichtigen, vor allem die Psyche. Ich frage meine Patienten immer: Leben Sie ein Leben, das Sie leben möchten? Haben Sie einen Partner, den Sie lieben? Arbeiten Sie in einem Beruf, den Sie lieben? Könnten Sie morgen gehen und würden nicht glauben, dass Sie etwas verpasst haben?«

Wesentlich sei, dem Patienten Mut zu machen und nicht Hoffnungslosigkeit zu vermitteln:»Wenn Ärzte nicht in Psychologie ausgebildet sind, sagen sie beispielsweise dem Patienten Sätze wie, dass er nur noch ein Jahr zu leben habe – das ist wie ein Todesurteil. Viele Menschen werden der Prognose dann gerecht, wie eine sich selbst erfüllende Prophezeiung. Ich rede mit meinen Patienten und erzähle ihnen Geschichten. Wahre Geschichten, die ich mit Menschen erlebt habe, die sich in ähnlichen Situationen befanden.« Dahlke will Vertrauen vermitteln statt Zweifel:»Ich habe viele Dinge in Indien, Nepal oder Afrika gesehen, Heilungen, wo ich sagen muss: Als Arzt kann ich es nicht verstehen – aber ich habe sie selbst gesehen.«

Er schildert Erfahrungen aus seiner eigenen medizinischen Praxis: »Es gibt Patienten, bei denen Sie den Krebs vollständig chirurgisch und durch Therapien beseitigen können, aber nach einem Jahr sind sie trotzdem tot. In anderen Fällen können Sie den Krebs bei einem Patienten nicht vollständig entfernen, aber er lebt noch 18 Jahre später. Ich hatte eine Patientin mit Magenkrebs, der so groß war, dass der Magen fast geschlossen war. Ich sagte ihr, sie solle zuerst keine Psychotherapie machen, sondern sofort den Krebs chirurgisch entfernen lassen. Aber sie wollte keine Operation machen, sie wollte nicht aufhören zu rauchen oder gesünder essen, sie bestand darauf, eine Psychotherapie zu machen. Ich empfahl dem Therapeuten, sie einen Revers unterschreiben zu lassen, dass es das ist, was sie wirklich wollte. Zwei Jahre später erzählte mir der Therapeut, dass die Frau noch immer lebt. Ein Jahr später trainierte sie mit mir. Sie ist jetzt Heilpraktikerin und begleitet Krebspatienten – ziemlich erfolgreich.«

Ruediger Dahlke setzt bei Krebspatienten auf eine Lebensstiländerung: »Ich werde Krebspatienten immer empfehlen, ihre Ernährung zu ändern. Und ich setze bei verschiedenen Erkrankungen auch auf Fasten.« Ein Erlebnis in einem indischen Ashram vor 40 Jahren hat ihn überzeugt. »Ich konnte sehen, wie es den Leuten half, klar zu werden. Nicht nur der gesundheitliche Aspekt für den Körper bringt viele Vorteile mit sich, auch für die Psyche. Christus, Mohammed, Buddha – sie alle fasteten, und das hat seinen Grund.« Er sagt aber auch ganz klar: »Ich glaube an die Wirkung von Gebeten, wenn sie wirklich aus dem Herzen kommen. Dann versuche ich, meinen Patienten Vertrauen in ihren eigenen Glauben zu geben.«

Wie sehr unser Glaube an eine Wirkung hilfreich ist, belegen verschiedene wissenschaftliche Studien. Die wohl spektakulärste stammt vom orthopädischen Chirurgen J. Bruce Moseley vom Baylor College of Medicine in Houston, Texas, und wurde 2002 im renommierten *New England Journal of Medicine* veröffentlicht.[68] Viele Patienten berichten von einer symptomatischen Linderung nach einer Arthroskopie des Knies wegen Arthrose, aber es ist unklar, wie das Verfahren dieses Ergebnis erzielt. So startete Moseley eine Studie mit 180 Patienten, bei denen Arthrose des Knies diagnostiziert worden war. Nach dem Zufallsprinzip teilte er sie in drei Gruppen ein: Ein Drittel wurde der üblichen arthroskopischen Operation unterzogen – mit Ausschaben und Spülen des Kniegelenks. Bei einem weiteren Drittel wurde das Knie nur gespült, und beim letzten Drittel der Probanden fand überhaupt kein Eingriff statt. Der jeweilige Chirurg schnitt zwar fachgerecht mit einem Skalpell so in die Haut, dass die Narbe exakt wie bei einer Arthroskopie verlief und kein Unterschied zu den anderen Eingriffen festzustellen war. Dieser Eingriff war jedoch ein reines Placebo.

Erst im Operationssaal erhielten die Chirurgen einen Umschlag, welcher der drei Eingriffe beim bereits narkotisierten Patienten auf dem OP-Tisch tatsächlich durchzuführen sei. Alle Teilnehmer des Experiments wurden vorher aufgeklärt und stimmten dem Ablauf zu, wussten aber zu keinem Zeitpunkt, welche der drei Varianten bei ihnen selbst angewandt wurde.

Über einen Zeitraum von 24 Monaten wurden die Ergebnisse beobachtet und bewertet, auch von den Patienten selbst. Insgesamt 165 Patienten beendeten die Studie. Das Ergebnis war verblüffend: Zu keinem einzigen Zeitpunkt berichtete eine der Interventionsgruppen über weniger Schmerzen oder eine bessere Funktion als die Placebogruppe. Das Ergebnis war bei allen drei Gruppen identisch.

Auch Ruediger Dahlke kennt dieses Phänomen aus seiner praktischen Tätigkeit als Arzt. Er berichtet: »Wenn ich einen Patienten mit Bluthochdruck und Übergewicht habe und er nicht fähig ist, seine Ernährung umzustellen, muss ich ihm Betablocker verschreiben, ein blutdrucksenkendes Medikament mit einer besonderen Nebenwirkung: Es kann zu einer erektilen Dysfunktion führen – der Patient bekommt keine Erektion. Wenn ich die Patienten ausdrücklich darüber vorher informiere, bekommen 30 von 100 tatsächlich ein Erektionsproblem. Sage ich nichts und lesen sie auch nicht den Beipackzettel, haben vielleicht zwei von 100 eine erektile Dysfunktion. So funktioniert unser Gehirn.«

Placebo – die Wirkung unseres Glaubens

Der Placeboeffekt ist groß. Wahrscheinlich profitieren in Studien mit neuen Medikamenten 35 bis 75 Prozent aller Patienten von der Einnahme einer Scheinpille. Der Effekt ist so bedeutend, dass er wahrscheinlich in der klinischen Praxis bewusster eingesetzt werden sollte. Wie er tatsächlich funktioniert, wissen wir noch immer nicht zur Gänze.[69] Fakt ist: Die westliche Medizin bestand jahrhundertelang nur aus dem Placeboeffekt.

Das beste Beispiel ist der Aderlass. Seit der Antike wurde kranken und ohnehin bereits geschwächten Menschen literweise Blut abgenommen. Manchen versetzte es den Todesstoß, doch jene, die überlebten, schienen häufig auf wundersame Weise gesund zu werden.

In der Jungsteinzeit kam es häufig zur Trepanation, einem Eingriff, wo Menschen der Schädel mit einer Feuersteinklinge geöffnet wurde. Über 450 dieser Fälle sind heute bekannt. Das Unglaubliche daran: In vielen Fällen schien die Behandlung so erfolgreich gewesen zu sein, dass die Menschen weiterlebten. Was damit behandelt werden sollte, ist bis heute unbekannt.[70]

Die Patienten glaubten damals sowohl an die Heilung als auch an die Autorität der Heiler und Mediziner, die solche Therapien durchführten. Der Glaube gab ihnen Hoffnung – und die Hoffnung half ihnen, gesund zu werden.

Mit dem Aufkommen moderner medizinischer Therapien in den letzten 120 Jahren veränderten sich der Zugang und das Verständnis der Menschen zur Medizin grundlegend. Immer neue Medikamente wurden entwickelt und neue Behandlungsmethoden angewandt. Die Technologie schritt in unglaublicher Geschwindigkeit voran.

1903 entwickelte der Niederländer Willem Einthoven den ersten Elektrokardiografen, der die elektrische Aktivität des Herzens aufzeichnet und so erstmals ein Diagnoseverfahren für dieses Organ lieferte.

1924 führte Georg Haas in Gießen die erste Blutwäsche außerhalb des Körpers durch, den Vorläufer der Dialyse.

Der Chirurg Theodor Billroth erkannte bereits 1874, dass der Pilz *Penicillium* das Wachstum von Bakterien hemmen kann. Doch erst 1928, als Alexander Fleming am St. Mary's Hospital in London eine Petrischale nach dem Urlaub wiederfand, auf deren Nährboden sich ein Schimmelpilz ausbreitete und die Staphylokokken in seinem Umfeld tötete, schien ein Meilenstein im Kampf gegen tödliche Bakterien erreicht. Es dauerte noch bis zum Zweiten Weltkrieg, bis Penicillin die Medizin veränderte. Denn damit waren Wundinfektionen, die die Menschen seit der Antike selbst bei kleineren Verletzungen dahinrafften, plötzlich behandelbar.

1954 entwickelte Jonas Salk einen Impfstoff gegen Kinderlähmung, sechs Jahre später gab es die erste Schluckimpfung.

Erst seit 1956 haben wir Einwegspritzen aus Kunststoff – entwickelt vom neuseeländischen Tierarzt Colin A. Murdoch, dem wir auch das Betäubungsgewehr verdanken.

Dem Forschergeist von Maurice R. Hilleman, einem Mikrobiologen und Arzt, verdanken wir über 40 Impfstoffe, darunter gegen Masern, Röteln, Windpocken, Hepatitis A und B sowie Mumps.

1967 gelang dem südafrikanischen Chirurgen Christiaan Barnard in Kapstadt die erste Herztransplantation. Am 3. Dezember öffnete er den Brustkorb von Louis Washkansky und pflanzte ihm in einem fünfstündigen Eingriff das Herz der zuvor wenige Hundert Meter von der Klinik entfernt bei einem Autounfall verstorbenen 25 Jahre alten Denise Darvall ein.

1973 wurde die Magnetresonanztomografie entwickelt, drei Jahre später die Computertomografie.

1977 führten Robert G. Edwards und Patrick Steptoe die erste künstliche Befruchtung bei einer Frau durch – der Kinderwunsch von Millionen Menschen, der sich auf natürlichem Weg nicht erfüllte, sollte plötzlich möglich werden.

1983 entdeckten Luc Montagnier und zeitgleich Robert Gallo das HIV-Virus als Ursache von Aids.

2001 wurde die menschliche DNA vollständig sequenziert: Jeder Mensch hat 20 000 bis 30 000 Gene und über drei Milliarden Basenpaare im Genom.

2020 bringt schließlich das Forscherehepaar Uğur Şahin und Özlem Türeci mit BNT162b2 einen Corona-Impfstoff mit einer Erfolgsrate von 95 Prozent auf den Markt, den ihr Pharmaunternehmen BioNTech entwickelt hat. Das war das Ergebnis von Studien mit 43 000 Teilnehmern – und der Durchbruch im Kampf gegen Covid-19. Gemeinsam mit dem Pharmakonzern Pfizer wurden weltweit Notfallzulassungen bei den Behörden beantragt. Euphorie und Freude erfasste die Menschheit, aber auch Hoffnung, dass das Leiden und Sterben damit ein Ende finden würden. Die Welt atmete auf.[71]

Doch was haben diese großen epochalen Errungenschaften in der evidenzbasierten Medizin, der Biologie und Technologie sonst noch mit sich gebracht? Vieles ist auch verloren gegangen: Die tiefe Auseinandersetzung mit dem Patienten, der intensive Dialog, das sensorische Wahrnehmen durch Ertasten, das Auflegen von Händen, die guten alten Hausmittel, jahrhundertealtes Wissen um Kräuter und das, was dem Körper guttut, sowie die Aufgabe des Arztes, Hoffnung auf Heilung zu schenken, wurden maßgeblich ersetzt durch nüchtern-sachliche Diagnostik. Damit veränderte sich auch die Rolle des Mediziners radikal.

Das Zeitalter der medizinischen Disruption

In der Medizin wird kein Stein auf dem anderen bleiben. Die disruptiven Prozesse, ausgelöst durch die Digitalisierung, machen auch vor ihr nicht halt. Als im vorigen Jahrhundert die Medizin über den Tod zu triumphieren begann, ging es mit der Lebenserwartung steil aufwärts. Die großen medizinischen Errungenschaften wie die Entwicklung von Antibiotika oder Impfungen, sauberes Trinkwasser und bessere sanitäre und hygienische Verhältnisse drängten akute Erkrankungen als primäre Todesursache immer weiter zurück. Heute stirbt man an chronischen und degenerativen Erkrankungen, Immunschwäche sowie metastasierendem Krebs.

Doch was wird uns die Zukunft bringen? Wir errichten gerade den Leuchtturm der Medizin neu – in einer Art und Weise, die sich noch vor zwei Jahrzehnten niemand hätte vorstellen können.

Medizinische Gamechanger

Der Molekulargenetiker und Stammzellenforscher Hans Clevers vom Hubrecht Institute im niederländischen Utrecht baut Organoide, wenige Millimeter große organähnliche Mikrostrukturen, aus Stammzellen im Labor. Er entdeckte, dass sich Stammzellen und Krebszellen derselben Mechanismen bedienen. Der ehemalige Präsident der Königlich Niederländischen Akademie der Wissenschaften nahm eine Stammzelle aus einem Darm, gab sie in eine Petrischale, sorgte für die richtige Umgebung und wartete. »Zu unserer Überraschung entwickelte diese eine einzelne Stammzelle einen ganzen Mini-Darm! Sie stellte sämtliche andere Zellen des Darms her, alle verschiedenen Arten, die man benötigt, um Nahrung zu verdauen und sämtliche Funktionen des Darms zu übernehmen. Es war unglaublich«[72], schildert Clevers seine Entdeckung. Er begann mit seinem Team, Mini-Lungen, -Leber, -Mägen und -Därme im Labor zu erzeugen. Damit, so ist der Forscher überzeugt, werden in 20 Jahren Organspenden der Vergangenheit angehören.[73]

Auch in anderen Bereichen werden Gamechanger die Medizin grundlegend verändern.

Der US-Immunologe James P. Allison, der das MD Anderson Cancer Center an der Universität von Houston, Texas, leitet, hat einen bestimmten Mechanismus in den T-Zellen – diese gehören zu den weißen Blutkörperchen und somit zur Immunabwehr des Organismus – gefunden. Er aktiviert das Immunsystem und schaltet hier einige Funktionen aus, damit es den Unterschied zwischen einer normalen Zelle und einer Krebszelle erkennt. Dabei muss das Molekül CD28 aktiviert werden, um die Immunreaktion in Gang zu setzen. Doch die Moleküle CTLA4 und PD1 wirkten dabei bisher wie eine Bremse. Die von Allison entwickelte

»Checkpoint-Therapie« mit einem CTLA4- und PD1-Hemmer hebt diese Bremse auf, die T-Zellen bleiben aktiv und töten die Eindringlinge.

Die Ergebnisse seiner Forschung haben Durchbrüche bei der Behandlung des malignen Melanoms oder schwarzen Hautkrebs gebracht sowie bei einigen Formen von Lungenkrebs. James P. Allison erhielt 2018 für diese bahnbrechende Forschung, die die Krebstherapie grundlegend verändern wird, den Medizin-Nobelpreis.

Noch revolutionärer ist nur die Entwicklung der Mikrobiologin und Genetikerin Emmanuelle Charpentier. Mit CRISPR/Cas9 hat sie eine Genschere maßgeblich mitentwickelt, die es ermöglicht, die Sequenz von RNA-Molekülen problemlos zu variieren. Durch sie lassen sich erstmals Gene gezielt ein- und ausschalten. Das bedeutet, dass die DNA an beliebigen Punkten mit höchster Präzision durch den Menschen manipuliert werden kann. »Wir können damit Evolution machen«[74], sagt der Wiener Genetiker Josef Penninger über Charpentiers epochale wissenschaftliche Leistung. Sie erhielt dafür 2020 den Chemie-Nobelpreis, das Magazin *OOOM* reihte sie in seiner »OOOM 100«-Liste der inspirierendsten Menschen der Welt 2020 auf Platz 6.

Das ist die eine Seite der Medizin: die pionierhafte, die visionäre, die alles verändernde. Daneben gibt es das Individuum mit seinem persönlichen Schicksal, das diese hoch technisierte Medizin nicht immer zu benötigen scheint, sondern dem auch der eigene Wille, die Intention, der Glaube hilft.

Bernhard Stradner erinnert sich noch sehr genau an die Zeit, als jeder Atemzug schmerzte. In einem Gespräch für dieses Buch erzählte er uns seine ganz persönliche Geschichte. Sein Großvater Valentin, ein naturverbundener Mensch, war Bauer in Pirching am Traubenberg, einer 2500-Seelen-Gemeinde in der österreichischen Südsteiermark. Er hatte eine tiefe Beziehung zu seinen Tieren, er sprach mit ihnen, erzählte ihnen Geschichten, und als es mit ihm zu Ende ging, spürten das seine Kühe und Schafe. Sie standen in seinen letzten Stunden direkt vor seinem Fenster, als wollten sie bei ihm sein, wenn er sich auf den Weg alles Irdischen machte.

Seine Tochter Anna hatte viel von ihm gelernt. Sie ist immer eine resolute Frau gewesen, und als ihr der ortsansässige Arzt in Hausmannstätten, südöstlich von Graz, 1970 nach einer Untersuchung ihres fünfjährigen Sohnes sagte: »Der junge Stradner wird nie etwas arbeiten können«, so hatte er die Rechnung mit der falschen Frau gemacht. Die Diagnose lautete: chronisches Lungenasthma, Stufe 3–4. Bernhard hatte immer wieder Atemnot; Fußball zu spielen oder einfach mit Freunden um die Wette zu laufen war für ihn zu gefährlich und daher tabu. Schien die Sonne, musste er unter einem Schirm Schutz suchen, sonst folgte unweigerlich ein Asthmaanfall. Dass sein Vater Alois ihn nachts aus dem Bett holen und zum Arzt fahren musste, passierte mit beunruhigender Regelmäßigkeit. Erst Jahre später sollte man herausfinden, dass seine Atmung durch die Rückenlage im Bett massiv erschwert wurde.

Alois Stradner war ein Huf- und Wagenschmied in Heiligenkreuz am Waasen und ein fleißiger Mann. Jeden Morgen um fünf Uhr früh stand er bereits im Stall, um die Hufe der Pferde zu beschlagen, nur selten endete seine Arbeit vor 22 Uhr. Sein Sohn Bernhard besuchte das bischöfliche Gymnasium in Graz, ein christliches Knabenseminar, das sehr autoritär geführt wurde. Priester sollte er werden mit seiner Krankheit, so der große Wunsch des Vaters.

Doch das Leben im Internat war nicht das, was sich Bernhard vorstellte. »Wir waren 18 Jungen in einem großen Schlafsaal. Ich wollte nicht in dieser Blase gefangen sein«, erinnert sich Bernhard Stradner an seine Schulzeit zurück. »Also bin ich so lange ungut aufgefallen, bis meinen Eltern nahegelegt wurde, mich aus der Schule zu nehmen.« Es muss damals gewesen sein, als er beschloss: »Ich werde nicht mit diesem Handicap leben.« Er schleppte sich auf den Schöckl, den mit 1445 Metern wichtigsten Gipfel im Grazer Bergland, bis er kaum noch Luft bekam. Dann nahm er sich den Hochschwab mit 2277 Metern Seehöhe vor. »Ich begann langsam mit Sport, ging schwimmen, machte alles, was mir als Kind verboten wurde, und merkte, wie es mir langsam besser zu gehen schien.« Bernhard war ehrgeizig. Sehr ehrgeizig. »Ich hatte damals noch keinen ganzheitlichen Blick. Ich bin auf das Fasten gestoßen, sah es als Lösung und habe es übertrieben«, schildert Bernhard Stradner sein junges Erwachsenenalter. »Ich habe versucht, es mit Brachialgewalt umzusetzen. Ich aß fast nichts mehr und musste mit massiven Rückvergiftungsprozessen kämpfen. Ich hatte Schmerzen und verlor so sehr an Gewicht, dass ich nur noch 47 Kilo wog.«

In seiner Verzweiflung besuchte er einen Freund auf einem Bauernhof im Tiroler Dölsach. »Ich war am absoluten Tiefpunkt meines Lebens. Ich ging für sechs Tage auf eine Alm, trank fast nur Wasser und wusste nicht mehr, was ich machen soll. Ich war abgemagert und mit meinem Latein am Ende.« Als er ins Tal zurückkehrte, brachte ihm die Bäuerin frische Pflaumen. Bernhard setzte sich unter einen Baum. »Als ich dort saß, körperlich völlig fertig und am Ende, diese wunderbare Landschaft sah und in die Pflaumen biss, hatte ich einen Erleuchtungsmoment«, erinnert er sich an den Augenblick, der sein Leben für immer verändern sollte. »Ich sah diese Schönheit der Natur, ich spürte einen inneren Frieden und eine Einigkeit, die mich noch heute euphorisiert und mir Kraft gibt, wenn ich nur daran denke. Ich habe

Frieden mit mir und der Weltenseele geschlossen. Ich spürte eine unglaubliche Verbundenheit. Ich dachte mir: Wenn ich jetzt in diesem Moment mein Leben zurückgeben muss, so ist es gut. Ich war bereit zu gehen. Ich war unendlich glücklich und dankbar für alles. Genau dieses Loslassen, dieses Nichts-mehr-Wollen, dieses Gefühl der endgültigen Freiheit war der Beginn meines neuen Lebens.«

Bernhard Stradner wurde nicht nur völlig gesund, er lief sogar Marathon und machte eine Topkarriere als Manager. Heute ist er Vorstandsvorsitzender der Fibertex Personal Care AG in Ilsenburg im Harz, einer der weltweit größten Hersteller von Vliesstoffen für die Hygieneindustrie. Das Ziel seiner Arbeit definiert er wie folgt: »Verständnis für die Menschen und ihre Bedürfnisse zu haben. Ich helfe meinen Mitarbeitern, ihren Weg zu finden. Mehr habe ich nicht zu tun.«

Was hat er selbst aus seinem Leben gelernt? »Das Defizit war meine große Chance, das Unglück meiner Krankheit war mein Glück. Es gibt zwei Möglichkeiten, Zugang zu seinem Innersten zu bekommen: einen körperlichen Zugang wie bei mir mit Fasten und intensivem Sport oder einen rein geistigen, was sicher deutlich schwieriger ist«, so Stradner. »Wenn du so wie ich diesen Punkt erreicht hast, wo du bereit bist, dein Leben wegzugeben, dann spürst du plötzlich nicht nur unendliche Dankbarkeit, sondern auch enorme Energie und Gelassenheit.« Wann er das letzte Mal krank war, daran kann er sich nicht mehr erinnern. Es sei sicher Jahrzehnte her.

»Glück ist Liebe, nichts anderes«, sagte Hesse

Stradner lebt heute mit seiner Lebensgefährtin im niedersächsischen Goslar und sagt: »Die Welt-Kraft in sich zu wecken geht durch eine unerschöpfliche Liebe zum Leben, Vertrauen und Dankbarkeit. Ich nahm jede Tür, die aufging, an. Zu lernen, die Einladungen des Lebens anzunehmen, führt zu einem glücklichen Leben. Die Kraft der Liebe ist das Entscheidende, um alle Hürden zu nehmen: Die Liebe zu dir selbst ist das Fundament, die Liebe zum Leben, zur Weltenseele.« Und er zitiert Hermann Hesses Worte: »Glück ist Liebe, nichts anderes. Wer lieben kann, ist glücklich.«

7

Frequenzen und Vibrationen

Therapeutic Touch und die Welt-Kraft

Als sie die zerbrochene Fensterscheibe sah, hatte Jane Katra nur noch einen Wunsch: ihrem Leben ein Ende zu setzen. »Ich hatte extrem starke Kopfschmerzen«, erinnert sie sich heute in einem Zoom-Interview für dieses Buch an den Tiefpunkt ihres Lebens zurück, »und sie gingen tagelang nicht weg.« Sie war zu diesem Zeitpunkt in Manila auf den Philippinen, in einer Jugendherberge, in der sich niemand befand, der ihr helfen konnte.

Bis dahin bestimmte Jane Katras Leben die Kunst. Sie studierte am Pomona College in Claremont, Kalifornien, das an den Ausläufern der San Gabriel Mountains im Norden von Los Angeles County liegt. Es galt seit Mitte des 20. Jahrhunderts als führendes liberales Kunst-College im Westen der USA und eine der besten Hochschulen des Landes. Bill Keller, später Chefredakteur der *New York Times*, studierte zur selben Zeit wie sie am Pomona College. Katra hatte sich mit Grafik und Keramiken beschäftigt und ihr Studium mit einem Bachelor abgeschlossen.

Sie war gerade im fünften Lehrjahr an der University of Washington, Seattle, als ihr Leben bei einer Manilareise eine dramatische Wendung nehmen sollte. »Als ich mich schließlich entschied, ins Krankenhaus zu gehen, weil es immer schlimmer und schlimmer wurde, stellte ich fest, dass ich eingesperrt war.« Es war der 4. Januar 1974.

»Ich konnte nicht schlafen, ich konnte nicht essen. Ich war an dem Punkt, an dem ich nur noch eines wollte: sterben. Die Schmerzen waren einfach zu stark«, erinnert sich Jane Katra zurück. »Ich habe nie erfahren, dass mein Leben für andere wichtig sei. Ich fühlte mich ganz auf mich allein gestellt. Ich zerschlug das Fenster mit meiner Faust und wollte mein Handgelenk mit den Glasscherben zerschneiden, um dem Schmerz zu entkommen. Doch ich machte etwas, was ich nie zuvor tat und was ich rückblickend betrachtet nur wie folgt bezeichnen kann: Ich begann zu beten.«

Beten war ihr bis dahin fremd. Sie fährt fort: »Ich komme aus einer wissenschaftsorientierten Familie, wir haben nie gebetet. Ich sah es auch nicht als beten an. Ich dachte mir: Wenn es einen Gott gibt, dann bitte hilf mir jetzt!« Es war gegen 19 Uhr am Abend. »Das Nächste, an was ich mich erinnere: Die Sonne schien plötzlich hell durch das Fenster, ich stand mitten im Raum in einer Pfütze aus Tränen – und es fühlte sich unfassbar schön an, obwohl ich die vergangenen vier Tage durch die Hölle gegangen war. Ich hatte das Gefühl, den Verstand verloren zu haben, und tatsächlich war es so. Ich wusste nicht, was mir geschah. In diesem Traum, oder was immer es war, wurde mir mitgeteilt, dass es nicht meine Zeit sei zu gehen. Mir wurden Karten von Sternen gezeigt und mir gesagt, dass es im ganzen Kosmos intelligentes Leben gibt, nicht nur auf der Erde. Ich sei nicht das Zentrum des Universums, aber mein Leben sei wichtig, und ich müsse zurückgehen und eine spirituelle Heilerin werden. Dieses Wesen in meiner Nahtoderfahrung wusste alles über mich – es war ein sehr freundlicher, asiatisch aussehender Mann, sehr geduldig. Ich sagte zu ihm: ›Du hast die falsche

Person, ich bin nicht spirituell!‹ Ich weinte heftig, denn ich merkte, dass dieses Wesen alles über mich zu wissen schien. Dabei konnte ich mit Spiritualität ebenso wenig anfangen wie mit der Botschaft von anderem intelligentem Leben im Kosmos, das meiner Weltanschauung bis dahin widersprach. Plötzlich war um mich nur Licht und Energie. Ich wachte auf und stand mitten im Raum. Dieses Wesen sagte mir zuvor noch, dass ich mich nur an wenig erinnern werde können, bis ich bereit sei.«

Jane Katra spürte plötzlich Vibrationen und Frequenzen

Katras Schmerzen vergingen, sie fühlte sich wie neugeboren und flog in die USA zurück. »Als ich das Flugticket bekam, fühlte ich, dass ich alle Menschen auf den Straßen Manilas liebte. Ich dachte, ich muss geisteskrank sein.« Zurück in Seattle war ihr Zeitgefühl verschwunden. Sie erzählt: »Die Nacht wurde für mich zum Tag. Und ich war auf einmal so vibrationsempfindlich, dass ich kaum schlafen konnte. Ich konnte den Toaster in der Küche fühlen. Ich konnte den Elektrorasierer meines Vaters hören, und es machte mich verrückt. Dazu blieb meine Uhr regelmäßig ohne Grund stehen. Ich wollte nichts anderes, als dass es verschwindet. Eines Tages, es war dunkel und regnete, ging ich in einem Viertel Seattles spazieren, Capitol Hill, das ich kaum kannte und das damals auch nicht als besonders sicher galt. Dort stand ich plötzlich vor einer Buchhandlung, die Quest Bookshop hieß. Ich war schon damals ein Buchliebhaber, aber ich hatte niemals zuvor davon gehört.«

Es war eine Buchhandlung der Theosophical Society, einer 1875 in New York gegründeten spirituellen Organisation, die davon ausgeht, dass die Evolution auf der Erde Teil einer gesamten kosmischen Evolution ist. Die Gesellschaft sieht »universelle Brüderlichkeit« als eines ihrer Ziele. Die Verkäuferin im Shop lud Katra ein, eine Versammlung der Gesellschaft zu besuchen. Dort traf sie auf Dora Kunz, eine charismatische niederländisch-amerikanische Schriftstellerin, die in Java zur Welt kam und Ausbildungsleiterin der Theosophical Society war. Seit ihrem fünften Lebensjahr meditierte Dora jeden Tag. Einmal sagte ihre Mutter zu Dora: »Lass uns gemeinsam Harmonie fühlen. Denk an jemanden, den du wirklich liebst, und sende Liebe an diese Person.«[75] Dora Kunz beschäftigte sich viele Jahre lang mit neuen Methoden der Heilung wie dem von ihr entwickelten Therapeutic Touch, der Angst und Schmerzen lindern sowie Heilung fördern soll.

»Dora nahm mich unter ihre Fittiche«, erinnert sich Jane Katra an ihre erste Begegnung. »Sie sah etwas in meiner Aura und sagte: ›Weißt du, du bist eine Heilerin.‹ Ich fing an zu weinen. Ich verbrachte früher als Jugendliche den Sommer oft in einem Lager, und es passierten immer wieder unerklärliche Dinge. Ein Junge hatte seinen Daumen mit einem Hammer zertrümmert. Ich ließ ihn seinen Daumen zwischen meine Hände legen und stellte mir ganz fest vor, dass Heilung geschieht. Ich wollte ihm helfen. Und auf einmal hatte er keine Schmerzen mehr. Das war das erste Mal, dass mir bewusst wurde, was ich kann.«

Heute weiß Jane Katra mit ihrer Sensibilität umzugehen. »Ich habe gelernt, die Energie abzurufen und zu lenken«, berichtet sie.

Jane Katra machte 1993 ihren Doktor der Philosophie an der University of Oregon, Eugene, in Gesundheitswesen, arbeitet seit ihrem »Erweckungserlebnis« als spirituelle Heilerin und schrieb mehrere Bestseller, darunter mit Russell Targ *Miracles of*

Mind. Exploring Nonlocal Consciousness and Spiritual Healing.[76] Als nach dem Erlangen ihres Doktorgrads publik wurde, dass sie als Heilerin arbeitet, feuerte man Katra an der Universität, an der sie lehren sollte. Sie erzählt:»Sie wollten mich nicht an ihrer Fakultät haben. Ich wurde im nächsten Jahr wieder eingestellt, unter der Bedingung, dass ich nicht als Heilerin praktiziere oder darüber rede.«

Katra lehrte Krankenhauspersonal Therapeutic Touch (TT), die Technik, die Dora Kunz entwickelt hatte und die in traditionellen Ärztekreisen noch immer als Humbug gilt.»Ich unterrichtete über 600 Krankenschwestern in dieser Methode. Der Leiter der Krankenpflegeschule glaubte überhaupt nicht daran, tolerierte es aber. Als sich die ersten Erfolge einstellten, war die Nachfrage plötzlich groß.«

Über 50 000 Krankenschwestern lernten Therapeutic Touch

Eine wissenschaftliche Veröffentlichung im renommierten *American Journal of Nursing*[77] und zahlreiche unabhängig dokumentierte Behandlungserfolge führten dazu, dass Therapeutic Touch in den USA weite Verbreitung fand. Anfang der 2000er-Jahre waren bereits über 100 000 Menschen weltweit darin ausgebildet worden, davon mehr als 50 000 Krankenschwestern und Angehörige von Gesundheitsberufen wie Osteopathen und Chiropraktiker. Über 100 Universitäten und Colleges boten eigene Kurse an.

Katras Lehrerin, Dora Kunz, entwickelte die Methode gemeinsam mit Dolores Krieger, später Professorin an der New York University Division of Nursing. Sie lernten einander während des

Studiums von Oskar Estebany kennen, einem damals berühmten ungarischen Heiler. Die beiden hatten ihn eingeladen, eine Studiengruppe zu bilden, um ihn bei seiner Arbeit mit Patienten zu beobachten. Estebany, ein grau melierter älterer Herr mit Schnurrbart und Metallbrille, konnte durch Handauflegen Heilerfolge erzielen und Krankheitssymptome lindern. Kunz unterstützte ihn dabei mit ihren intuitiven Fähigkeiten, während Krieger akribisch jede seiner Handlungen dokumentierte.

Daraus entwickelten sie die Methode der therapeutischen Berührungen. Ihre Hauptwirkung besteht in der Linderung psychosomatischer Symptome, Schmerzreduktion, Entspannung und beschleunigten Heilung. Studien zeigen, dass therapeutische Berührungen zudem eine positive Wirkung auf das Blutbild haben und die Hämoglobinwerte erhöhen können. Wie Untersuchungen im EEG ergaben, können sie auch die Gehirnwellen beeinflussen, um einen entspannten Geisteszustand zu erreichen, oft schon innerhalb weniger Minuten.

Therapeutic Touch fußt auf einer uralten und einfachen Heilmethode: dem Handauflegen, das einen integralen Bestandteil des Heilungsprozesses darstellt – auch wenn dabei der Körper des Patienten nicht berührt wird.[78] Man lernt in der Ausbildung, warum eine Person krank ist, wo der Schmerz sich befindet und wie man die Selbstheilungskräfte stimulieren kann. Es wird dabei die Körpertemperatur ebenso beobachtet wie das Bewusstseinsniveau und die Physiologie vor, während und nach der Intervention. Studien zeigen, dass mit dieser Methode das Immunsystem, das autonome Nervensystem, das Lymph- und Kreislaufsystem sowie der Bewegungsapparat positiv beeinflusst werden können. OP-Schwestern wenden therapeutische Berührungen vor Operationen an, um den Patienten zu beruhigen. Postoperativ können damit Heilungsprozesse beschleunigt werden. Sie werden zudem eingesetzt, um Angst und Stress abzubauen und inneren Frieden zu erzeugen.

Krieger kam während der Erforschung alter Heilmethoden zu dem Schluss, dass das, was zwischen Heiler und Patienten in einer Sitzung passiert, analog dem ostindischen Konzept von Prana ist, das für Energie, Kraft und Vitalität steht. Das Prinzip hinter der Methode ist, dass der menschliche Organismus nicht mit der Haut abschließt. Der Körper – so die Theorie von Kunz und Krieger – besitzt ein Energiefeld, eine Aura, die ihn umgibt und sich mehrere Zentimeter vom Körper entfernt erstreckt. Wenn eine Krankheit auftritt, führt dies zu einer Störung oder Blockade dieses lebenswichtigen Energiefeldes. Der TT-Praktiker spürt mit seinen Händen die Blockade oder Störung auf und beseitigt sie, indem er die Energie ausgleicht.

Therapeutic Touch nutzt die Welt-Kraft in uns

Wir wollen hier nicht versuchen, die Wirkweise oder Methodik der therapeutischen Berührungen zu analysieren. Es lassen sich nur Theorien aufstellen. Offenbar liegt jedoch ein Phänomen vor, das vergleichbar ist mit unseren Forschungen im Bereich der Beeinflussung der Materie durch Intention und Gedanken. So wie wir mit Tausenden wissenschaftlichen Versuchen beweisen konnten, dass wir Materie beeinflussen können, liegen bei Therapeutic Touch die Ergebnisse der Wirksamkeit millionenfach vor: Auf der ganzen Welt werden Menschen mit dieser Methode erfolgreich behandelt.

Trotzdem verstummt bis heute nicht die Kritik der sogenannten seriösen Wissenschaft an Therapeutic Touch. Es sei eine

»pseudowissenschaftliche Methode«, die auf Esoterik basiere; eine Wirksamkeit könne »nicht festgestellt« werden. Hierin drückt sich die Arroganz einer materialistisch determinierten Wissenschaft und evidenzbasierten Medizin aus. Demnach kann nichts existieren, was unser beschränkter Verstand unter experimentellen, empirischen und reproduzierbaren Bedingungen nicht nachzuvollziehen fähig ist.

Als Argument dafür, dass Therapeutic Touch nur Humbug sei und nicht wirke, wird gern ein 1998 im *Journal of the American Medical Association* von der erst elfjährigen Schülerin Emily Rosa veröffentlichtes Experiment angeführt: 21 Praktizierende der Methode sollen nicht in der Lage gewesen sein, das Energiefeld einer Hand hinter einem Sichtschutz aus Pappe wahrzunehmen, wenn sie diese nicht sehen konnten. Sie sollten im Versuch nennen, ob sich die Hand der Testperson über ihrer rechten oder linken Hand befinde. Die Trefferquote war nur 44 Prozent. Deshalb sei, so der Schluss der Studie, der »professionelle Gebrauch der Methode nicht gerechtfertigt«[79]. Wir ersparen uns an dieser Stelle, dieses Experiment weiter zu kommentieren. Das gesamte Studiendesign ist unlogisch und nicht aussagekräftig, die Conclusio ist demnach im Vergleich zu den eindeutigen und millionenfach dokumentierten therapeutischen Ergebnissen vernachlässigbar.

Therapeutische Berührungen nutzen eine Kraft, die wir die Welt-Kraft nennen. Eine Kraft, die Millionen Menschen weltweit bisher nachweislich geholfen hat. Mit Ergebnissen, die dokumentiert sind.

Ramana Maharshi lehrt: Wir sind nicht Körper, sondern Bewusstsein

Auch Jane Katra setzt die Welt-Kraft ein. Sie wurde maßgeblich von den Lehren Ramana Maharshis geprägt, eines indischen Gelehrten, der sein Leben schweigend verbrachte. Nur hin und wieder beantwortete er schriftlich spirituelle Fragen, die ihm wesentlich erschienen.

Katra und Maharshi teilen ein ähnliches Schicksal: Er hatte als Sechzehnjähriger ein massives Erlebnis von Todesangst, die aus dem Nichts gekommen war. Diese Erfahrung beschrieb er später mit folgenden Worten: »Ich spürte nur ›Ich sterbe!‹ und begann darüber nachzudenken, was ich jetzt tun sollte.«[80] Nun sei der Tod gekommen, dachte Maharshi. Was bedeutete dies für ihn? Starb nur sein Körper, der auf der Begräbnisstätte verbrannt wird? Würde nur Asche von ihm übrig bleiben? Er fragte sich: »Aber bin auch ›ich‹ mit dem Körper gestorben? Ist dieser Körper das ›Ich‹?«[81]

Er fand seine eigene Antwort: Der materielle Körper mag zwar vergehen, aber der ihn transzendierende Geist kann vom Tod nicht berührt werden. Deshalb, so kam Maharshi zum Schluss, sei er »[...] unsterblicher Geist. All dies war nicht einfach ein Gedanke, sondern traf mich wie ein Blitz als lebendige Wahrheit.«[82]

Sri Ramana Maharshi erkannte damals, wie er später lehrte, die »Quelle seines Seins«. Er zog zum heiligen Berg Arunachala, der rund 150 Kilometer südwestlich der indischen Metropole Chennai liegt, und verbrachte zunächst 17 Jahre in einer Höhle und dann in einem Ashram, der sich um die Grabstätte seiner Mutter bildete. Menschen aus aller Welt, darunter auch der britische Schriftsteller W. Somerset Maugham, pilgerten zu ihm.

»Seine Lehre hat mich stark beeinflusst«, sagt Jane Katra heute. »Es dreht sich alles um Vibration und Frequenzen. Durch die Lehren von Ramana Maharshi wurde mir klar, dass ich kein Körper bin, sondern Bewusstsein. Als Bewusstsein kann ich meinen Verstand benutzen, um meine Aufmerksamkeit auf verschiedene Dinge zu lenken. Der Zweck meines Lebens ist, für das Licht völlig transparent zu sein, die höchste Frequenz der Schwingung oder Liebe – die Lebensenergie – durch mich fließen und mich als Instrument benutzen zu lassen. Ich leite keine Energie mehr auf die Körper von Menschen, ich heile keine Körperteile mehr, ich erwecke Menschen. Ramana Maharshi sagte, der Zweck des Lebens sei, zu erwachen und zu erkennen, dass du nicht der Körper bist, sondern das Bewusstsein.«

Maharshi lehrte, dass es verschiedene Bewusstseinsebenen gibt, die uns allen zur Verfügung stehen. Wir als Menschen haben die Fähigkeit zu wählen, auf welcher Bewusstseinsebene wir sein wollen. Die verschiedenen Level haben unterschiedliche Frequenzen.

»Jeder muss entscheiden, was er mit seiner Aufmerksamkeit in seinem Leben tun will«, sagt Katra. »Viele meiner Schüler haben erkannt, dass sie ein weitläufiges Feld der Liebe schaffen können, das heißt spirituelle Kraft, die die Umwelt und das Verhalten anderer Menschen beeinflusst.«

Jane Katra betont, wesentlich bei der Unterstützung von kranken Menschen sei die Intention, die Absicht. Und auch Katras Methode, sich mit der Welt-Kraft, über die jeder von uns verfügt, zu verbinden, ähnelt den Empfehlungen fast aller Experten, Vordenker, Pioniere und Visionäre, mit denen wir für dieses Buch gesprochen und die ihre wertvollen jahrzehntelangen Erfahrungen mit uns geteilt haben:

1. **Schritt eins: Ein ruhiger Geist**
   Wie in allen Bereichen, in denen Sie versuchen, außergewöhnliche Fähigkeiten anzuwenden, ist es wesentlich, sich zurückzunehmen und in einen Zustand der Ruhe zu kommen. »Mein Ziel muss sein, einen ruhigen Geist zu haben«, sagt Katra. »Eine gute Möglichkeit, dies zu lernen, besteht darin, sich vorzustellen, wie Licht aus Ihrem Herzen kommt.« Das gelingt bei der Meditation.

2. **Schritt zwei: Intention und Wille**
   Katra ist davon überzeugt, dass die Unterstützung bei den Heilungsprozessen durch Frequenzen zustande kommt. Sie erklärt: »Durch Ihre Absicht und Intention können Sie Frequenzen steuern. Es geht um das, was die spirituellen Lehren ›Willen‹ nennen. Das ist Ihre Fähigkeit, Ihre Aufmerksamkeit durch Intention auszurichten und dort über einen längeren Zeitraum zu halten. Es ist der Wille des Bewusstseins, jede lebende Form zu durchströmen. Ich habe erfahren, dass das Bewusstsein im Universum und die Frequenz, auf die wir abgestimmt sind, das beeinflussen, was wir hier erleben. Ich war voller Ehrfurcht und fühlte, dass jeder Mensch mit der Energie des Kosmos verbunden war.« Auch Jane Katra ist überzeugt, dass jeder von uns die Welt-Kraft in sich trägt. »Die einzige Möglichkeit, dies zu erfahren, ist: es einfach auszuprobieren. Es gibt keine wissenschaftlich untermauerte Empfehlung dazu.«

Wir spüren Blicke, die auf uns gerichtet sind

Kennen Sie dieses Gefühl? Sie stehen irgendwo in einem Raum und glauben, beobachtet zu werden. Es gibt wissenschaftliche Untersuchungen dazu, die eindeutig belegen, dass sich unsere Gehirnaktivität verändert, wenn uns jemand mit fokussiertem Bewusstsein ansieht – selbst dann, wenn wir uns dessen nicht einmal bewusst sind. Es reicht sogar aus, wenn unser Bild angestarrt wird. Aus Metaanalysen der Daten lässt sich ableiten: Die Wahrscheinlichkeit, dass dieser Effekt reiner Zufall ist, liegt bei eins zu einer Milliarde.[83]

Die amerikanische Psychologin Jeanne Achterberg (1942–2012), die am Southwestern Medical Center der Universität von Texas und am Saybrook Institute in San Francisco lehrte und sich auf geführte Meditation spezialisierte, hat therapeutische Anwendungsmethoden der kreativen Visualisierung entwickelt. Sie untersuchte die Theorie, dass in jenem Moment, wo eine Person zum Ziel einer therapeutischen Intention wird, auch ihr Körper darauf messbar reagiert.

Dazu legte sie Testpersonen in Magnetresonanztomografen und ließ schamanische Heiler in einiger Entfernung in durch Zufallszahlengeneratoren ausgesuchten Intervallen von je zwei Minuten ihre Intention auf sie richten. Wenn dies geschah, zeigten die Gehirne der Testpersonen ein verändertes Verhalten, das sich in der Magnetresonanztomografie nachweisen ließ. In ihrer Studie kam Achterberg zu dem Schluss, dass es signifikante Unterschiede zwischen experimentellen Sequenzen, in denen die Schamanen aktiv waren, und Kontrollsequenzen gab ($p = 0{,}000127$). Ihr Fazit war eindeutig: Der Heiler konnte eine Verbindung mit der sensorisch isolierten Testperson herstellen, die sich in Veränderungen des Gehirns messen ließ.[84]

Wissen wir, wieso dies möglich ist? Nein. Aber dass es funktioniert, ist wissenschaftlich nachweis- und messbar. Es gibt weltweit Tausende Studien über »unerklärbare« Phänomene, deren Existenz sich mit wissenschaftlichen Methoden in Experimenten empirisch nachweisen lässt. Dem Warum und Wie können wir uns häufig jedoch nur durch Theorien annähern. Wir können uns vieles mit unserem menschlichen Verstand und unseren heutigen wissenschaftlichen Mitteln schlicht – noch – nicht erklären. Aber über die Existenz solcher Phänomene selbst kann es keinen Zweifel mehr geben.

Positive Behandlungseffekte

Ein Forscherteam rund um John A. Astin, Direktor des Mind-Body-Research Program der University of Maryland School of Medicine, untersuchte in einer wissenschaftlichen Arbeit die Wirksamkeit von Fernheilung.[85] Es überprüfte dafür randomisierte Studien – mit beeindruckendem Ergebnis: Von 23 wissenschaftlichen Untersuchungen mit 2774 Patienten zum Thema Fernheilung, Gebet zur Behandlung von Krankheiten, geistige und spirituelle Heilung sowie therapeutische Berührung ergaben 13 – dies entspricht 57 Prozent – statistisch signifikante Behandlungseffekte, neun zeigten keinen Effekt gegenüber Kontrollinterventionen und eine zeigte einen negativen Effekt. Die Schlussfolgerung der Wissenschaftler: »Angesichts der Tatsache, dass ungefähr 57 Prozent der Studien einen positiven Behandlungseffekt zeigten, sollten die bisherigen Erkenntnisse weiter untersucht werden.«[86]

8

Das Individuum gegen die Wahrscheinlichkeit

Eine Theorie, warum die Welt-Kraft den Naturgesetzen nicht entgegensteht

Robert Pucher ist ein Mann der Wissenschaft, für den Fakten zählen. Der durchtrainierte Sportler unterrichtet am Technikum Wien, Österreichs einziger rein technischer Fachhochschule mit den Schwerpunkten Artificial Intelligence und Human Brain, Software Engineering und User Experience. Gerade 60 Jahre alt geworden wirkt der smarte Professor wie ein dynamischer Endvierziger. Er schloss sein Promotionsstudium 1988 an der Technischen Universität Graz ab, ist Diplom-Ingenieur für Elektrotechnik und studierte nebenbei Medizin an der Karl-Franzens-Universität Graz. Pucher entwickelte anfangs medizinische Software, gründete als Entrepreneur ein erfolgreiches Technologieunternehmen und lehrt seit 27 Jahren am Technikum Wien.

Er ist gewohnt, faktenbasiert zu entscheiden und auch komplexe Sachverhalte analytisch zu verstehen. Trotzdem beschäftigen ihn mittlerweile seit Jahrzehnten Fragen, die auf den ersten Blick nur wenig mit seiner Profession zu tun haben: Kann es einen Einfluss von Gedanken und Intention auf Materie geben, der sich mit den Gesetzen der Naturwissenschaften und insbesondere der Physik verträgt? Sind Phänomene wie Fernwahrnehmung mit den wissenschaftlichen Erkenntnissen über das menschliche Gehirn vereinbar?

Robert Pucher hat dazu eine eigene Theorie entwickelt, die einen anderen Ansatz hat als viele bekannte Modelle. In diesem Buch stellen wir sie zum ersten Mal vor. Er ist seit Jahren Vorstandsmitglied der *Österreichischen Gesellschaft für Parapsychologie und Grenzbereiche der Wissenschaft*, die 1927 gegründet wurde und der führende Wissenschaftler Österreichs angehörten wie beispielsweise der Physiker Hans Thirring. Er hat den Lense-Thirring-Effekt der allgemeinen Relativitätstheorie beschrieben: die Veränderung der Einstein'schen Raumzeit in der Nähe von großen rotierenden Massen.

Ein Erlebnis als Kind hat Pucher nicht mehr losgelassen und ihn für eine Welt, in der unerklärlich scheinende Phänomene ihren Platz haben, sensibilisiert. Er besuchte Anfang April 1968 mit seinem Vater die heilige Messe in der Pfarrkirche Heiligenkreuz am Waasen in der Steiermark. Die beiden setzten sich wenige Reihen vor die Kanzel links vor den barocken Hochaltar aus dem 17. Jahrhundert, der früher in der Domkirche zu Marburg stand. Auf der Kanzel stand Kaplan Jakob Albin Mild und begann seine Predigt. Robert Pucher sah den Gottesmann an. Er glaubte anfangs seinen Augen nicht zu trauen, also schloss er sie und blickte dann nochmals zum Kaplan. Dessen Gesicht war schwarz. Ein mulmiges Gefühl stieg in ihm hoch. Er stupste seinen Vater an und fragte irritiert: »Papa, warum hat der Priester ein schwarzes Gesicht?« Pucher senior sah seinen Sohn an, dann den Priester, danach abermals seinen Sohn. Er schüttelte den Kopf und sagte: »Wieso ein schwarzes Gesicht? Er sieht völlig normal aus.«

»Ich kann es nicht erklären«, erinnert sich Pucher in einem Gespräch mit uns an den Moment, »aber er hatte ein schwarzes

Gesicht, das anscheinend nur ich sehen konnte.« Wenige Wochen später, am 21. April 1968, verstarb Kaplan Mild sehr plötzlich im 60. Lebensjahr. War es ein düsteres Zeichen, das er sah? »Ich war voller Angst und Panik. Ab diesem Moment wusste ich, dass es Dinge geben muss, die wir Menschen nicht verstehen können«, sagt Pucher rückblickend. »Sie zu erforschen interessierte mich.«

Der Einfluss unserer Gedanken und die Kraft unserer Intention wurden zum zentralen Thema seiner Arbeit. »Bei all den Fragen zur Beeinflussung der Realität muss man sich zunächst eine Frage stellen: Was ist die subjektive Realität?«, so Pucher. »Es ist das, was mir persönlich passiert. Es geht nicht darum zu verhindern, dass die Sonne aufgeht, sondern um die persönlichen Ereignisse, die einem Menschen im Lauf seines Lebens widerfahren. Ob Sie bei Rot über die Straße gehen und in einen Lastwagen laufen, macht einen großen Unterschied für Ihre nächsten 20 Jahre aus, sofern Sie das Ereignis überleben.«

Die materialistische, physikalische Betrachtungsweise, die Pucher von seiner Profession her gewohnt ist, klammert das individuelle Erfahren immer aus, in das der Mensch geistig und emotional in einer tiefen Art und Weise involviert ist.

Die Zufälligkeit, so Puchers Erklärung, die dazu führt, ob uns selbst etwas passiert oder nicht – ob positiv oder negativ –, ist eine ganz andere als jene, die in wissenschaftlichen Studien Relevanz hat, weil sie von persönlicher Bedeutung für uns ist. »Dies wird in der Forschung meistens völlig missachtet und negiert«, so Pucher.

Die Wissenschaft steht für großartige Errungenschaften: Wir schicken mit einer Atlas-V-Trägerrakete eine Landesonde zum Mars und freuen uns sieben Monate später über die unglaublichen Panoramabilder, die der Mars-Rover Perseverance 480 Millionen

Kilometer weit zu uns auf die Erde zurückschickt. Erstmals können wir auch mit unseren Ohren den Sound der Marsoberfläche, aufgenommen mit sensiblen Mikrofonen, hören.

Wir staunen über Akio Toyoda, Präsident von Toyota, der in Japan mit Woven City eine vernetzte, experimentelle Zukunftsstadt bauen will, in der rund 2000 Menschen leben sollen, um Technologien wie das autonome Fahren in einem realen Umfeld zu testen. Ein stillgelegtes Fabrikgelände des Autobauers Toyota in der Nähe des Bergs Fuji soll zur Stadt der Zukunft umgebaut werden, mit einer Infrastruktur, die mit Wasserstoff betrieben wird, designt vom dänischen Stararchitekten Bjarke Ingels.

Wir hören fasziniert die Pläne von Nir Barzilai, Professor für Genetik und Gründungsdirektor des Instituts für Altersforschung am Albert Einstein College of Medicine in New York, der »Langlebigkeitsgene« entdeckt hat und eine Pille gegen das Altern entwickelt. Er prophezeit, dass der Mensch 35 Jahre länger leben könnte als bisher. Durch das Schlucken einer simplen Tablette soll der Alterungsprozess verlangsamt werden können. Erste Versuche an 78 000 Menschen mit dem Wirkstoff Metformin belegten bereits – selbst bei Übergewicht und anderen Zivilisationskrankheiten – eine Lebensverlängerung um 17 Prozent.[87]

Die Wissenschaft kann unglaubliche Errungenschaften hervorbringen, die unser Leben verändern. Aber können mit den Methoden der Wissenschaft die Funktion des Gehirns, unser Bewusstsein und die Frage der Beeinflussung von Materie durch Intention geklärt werden? »Nein«, sagt Robert Pucher. »Die Erklärung dessen ist mit klassischen deterministischen Modellen nicht möglich. Neuronale Netze im Gehirn können nur unter Einbeziehung von quantenmechanischen Vorgängen ausreichend genau beschrieben werden.« Er führt weiter aus: »Unsere gesamte

Technologie beruht auf Vorhersehbarkeit, auf Determinismus bzw. der Annäherung daran.«

Was er damit meint, erklärt er bildlich: Wir nehmen das Smartphone und videochatten mit Menschen am anderen Ende der Welt. Wir steigen in unser Auto und fahren los. Wir legen uns in einen Computertomografen und erhalten danach ein dreidimensionales Bild unseres Körpers. Wir setzen uns in einen der 296 Sitze der 63 Meter langen Boeing 787-9 Dreamliner und fliegen ans andere Ende der Welt.

Wir können uns darauf verlassen, dass all dies funktioniert, denn es ist vorhersehbar. Alle Systeme an Bord der Boeing 787-9 funktionieren streng deterministisch. Die Absichten der Piloten, die streng nach verbindlichen Checklisten vorzugehen haben, werden in entsprechende Aktionen des Flugzeugs umgewandelt. Alle 787-Modelle funktionieren gleich, die minimalen Unterschiede sind dokumentiert. Das Flugzeug und seine Funktionsweise können durch die Wissenschaft exakt beschrieben werden. Quantenmechanische Effekte oder jene der Chaostheorie werden unterdrückt bzw. bestmöglich minimiert. Das Flugzeug benötigt keine Seele, kein Bewusstsein, um zu funktionieren.

Lebende Organismen bzw. Systeme besäßen einen solchen naturwissenschaftlich bzw. technisch erklärbaren Determinismus in vielen Bereichen nicht, argumentiert Pucher. Sie würden sich aber in den meisten Bereichen trotzdem annähernd deterministisch benehmen. Das sei beobachtbar. So liefe die Entwicklung des Herzens bei jedem Menschen praktisch gleich ab, auch die des Gehirns. Eineiige Zwillinge wiesen dieselbe DNA-Sequenz in ihren Zellen auf. Trotzdem seien selbst sie in ihrem Aussehen, ihrem Verhalten nicht identisch.

Pucher stellt berechtigte Fragen: Ein Zwerghase überlebt den Winter im Freien bei minus zehn Grad Celsius. Woher weiß der

Zwerghase, der in einer Tierhandlung geboren wurde, wie er eine Höhle baut und diese mit Pflanzen auskleidet? Woher weiß er, wie er sich Nahrungsvorräte anlegt? Wie muss ein System agieren, um dieses Wissen in physisch beobachtbarem Verhalten zu manifestieren?

Neuronale Netze verarbeiten die Informationen in einem Organismus. Die Struktur der Verbindungen zwischen den einzelnen Zellen stellt dabei die »Programmierung« dar. Künstliche neuronale Netze, wie wir sie aus dem Bereich der künstlichen Intelligenz (KI) kennen, ahmen diese Form der Informationsverarbeitung nach. Die Verbindung zwischen den einzelnen Neuronen wird durch Synapsen gebildet. Feuert ein Neuron, werden über sie Neurotransmitter in den synaptischen Spalt ausgeschüttet. Die Neurotransmitter bewirken eine lokale Depolarisation, wird ein bestimmter Schwellwert überschritten, feuert diese Zelle nun ebenfalls. Die Ausschüttung der Neurotransmitter kann mit klassischen Methoden nicht exakt beschrieben werden. Es bleibt eine quantenmechanische Unsicherheit von 1 Prozent.[88]

Darauf basierend kommt Robert Pucher zu einem weitreichenden Schluss: »Das Gehirn wird niemals vollständig deterministisch beschrieben werden können, da die neuronalen Netze bei völlig gleichen Ausgangszuständen verschiedene Ergebnisse liefern. Quantenmechanische Prozesse erlauben keine deterministische Beschreibung, sondern liefern als Ergebnis Wahrscheinlichkeiten. Weitere Prozesse aus dem Bereich der Chaostheorie erschweren die deterministische Betrachtung. Mit derartigen Unsicherheiten behaftet können die Zellprozesse allein die notwendige, exakt immer gleich gestaltete Verschaltung der Neuronen nicht erzielen. Daher sind weitere über unsere bekannte Physik und die Naturwissenschaften hinausgehende

Vorgänge notwendig, um die Funktion der biologischen Systeme vollständig erklären zu können.«[89]

Daraus ergeben sich, so Robert Pucher, drei mögliche Hypothesen:

- Im Gehirn gelten alle physikalischen und chemischen Gesetze. Allerdings ist die Annahme deterministischer Funktion physikalisch nicht haltbar; das Gehirn kann keinesfalls auf diese Weise vollständig erklärt werden.
- Im Gehirn entscheidet der Zufall mit. Zu dieser Ansicht käme man bei genauer Anwendung der Physik. Was steckt hier hinter dem Wort »Zufall«? Zufall ist in diesem Fall eine Größe, die mit den physikalischen Gesetzen nicht vorhersagbar ist.
- »In meinem Gehirn entscheide ich.« Diese Aussage ist mit dem vorherigen Punkt dann vereinbar, wenn der Zufall gesteuert werden kann.

Stellen Sie sich zum besseren Verständnis folgende drei Fragen vor:

1. In welchem Jahr wird die nächste totale Sonnenfinsternis von Deutschland und Österreich aus zu sehen sein? Die Antwort kann exakt gegeben werden: Wir müssen dafür bis zum 3. September 2081 warten. Sie wird fünf Minuten und 33 Sekunden dauern.[90]
2. Vor Ihnen liegt ein Würfel. Welche Zahl wird nach dem nächsten Wurf oben liegen? Die Antwort kann mathematisch beschrieben werden. Bei einem Wurf ist das Ergebnis zufällig. Bei mehreren Würfen ist die Verteilung der Zahlen vorhersehbar.[91]

145

3. Nehmen Sie Bilder von zwei jüngeren Mitgliedern Ihrer Familie auf, beispielsweise von Ihren Kindern, Nichten, Neffen oder sonstigen Verwandten. Was werden diese beiden Kinder 30 Jahre nach Entstehung dieser Aufnahmen tatsächlich tun ?

Wird aus einem Kind ein neuer Einstein und aus dem anderen ein Sozialarbeiter? Wird das eine ein glückliches Leben haben, das andere ein Leben voller Kummer und Sorgen? Wir wissen es nicht. Darauf gibt es keine Antwort, keine Wahrscheinlichkeit, keine Prognose, keinen Determinismus. Wir leben in einem Universum der Möglichkeiten.

Pucher baut sein Modell auf drei Domänen der Wissenschaft auf, was Vorhersagen betrifft:

1. **Der strenge Determinismus**
   Alle – auch zukünftige – Ereignisse sind durch Vorbedingungen eindeutig festgelegt: Die Erde dreht sich um die Sonne. Dies wird noch in Jahrmillionen der Fall sein.

2. **Die stochastischen Systeme**
   Der momentane Zustand gibt nur eine Wahrscheinlichkeitsverteilung für die darauffolgenden Zustände an. Es kann also nicht mit Sicherheit vorhergesagt werden, welchen Zustand das System als Nächstes annehmen wird.

   In einem Atomreaktor wissen wir nicht, welches Uranmolekül von den Neutronen getroffen wird. Aber wir können den Reaktor trotzdem auf Basis statistischer Messtechnik betreiben. Wir können jedoch nicht vorhersagen, ob ein individuelles Uranatom in einem Kernkraftwerk zerfallen wird. Es werden Atome zerfallen, aber keiner weiß, ob es dieses spezielle Atom sein wird oder ein anderes. Dies ist nicht vorhersehbar, die Statistik funktioniert somit im Einzelfall nicht.

Hier noch ein menschliches Beispiel. Wir können Vorhersagen treffen wie diese: 2022 werden ca. 3000 Menschen in Deutschland im Straßenverkehr sterben.[92]

Doch wir können mit dieser Art der Prognose nie für das Individuum selbst eine Vorhersage treffen, also nicht sagen, wer diese Toten sein werden, sondern nur Wahrscheinlichkeiten angeben. Die Vorhersagbarkeit für das Individuum hört auf. Sie wird erst dann wieder möglich, wenn der Determinismus ins Spiel kommt.

Ein Beispiel: Wenn ein Auto mit 140 Stundenkilometern in einer Rechtskurve nach links auf die gegenüberliegende Straßenseite driftet, dann scheint es Zufall, ob ihm ein Lastwagen entgegenkommt oder nicht. Auf einer wenig befahrenen Straße ist die Wahrscheinlichkeit dafür gering. Doch wenn dies tatsächlich der Fall ist, ein LKW gerade auf der anderen Straßenseite fährt, die beiden entgegenkommenden Fahrzeuge bei dieser Geschwindigkeit aufeinander zurasen und nur mehr fünf Meter voneinander entfernt sind, wird der Ausgang an diesem Punkt deterministisch. Der Aufprall lässt sich nicht mehr vermeiden. Wenn ein Ereignis einmal deterministisch ist, dann haben die Gedanken keine Wirkung mehr. Hier gelten ausschließlich die bekannten Gesetze der Physik.

Ein Neurochirurg, der vor einer riskanten Operation steht und weiß, dass die statistische Wahrscheinlichkeit eines Patienten, einen solchen Eingriff zu überleben, bei 70 Prozent liegt (und somit bei 30 Prozent, dass er verstirbt), hat bei diesem individuellen Fall eine ganz andere Ausgangssituation: Ob 70 Prozent oder 30 Prozent ist vollkommen irrelevant. Entweder überlebt sein Patient, oder er stirbt, für ihn sind es immer 100 Prozent. Die Statistik gilt im Einzelfall nicht.

3. **Das deterministische Chaos**
   Beim deterministischen Chaos wird das Verhalten von Systemen unvorhersehbar, obwohl es durch bekannte Abläufe vorherbestimmt (also determiniert) ist. Denn kleine Anfangsstörungen verstärken sich hier im Lauf der Zeit.
   Haben Sie schon mal vom Pendelproblem gehört? Stellen Sie sich vor, Sie haben drei miteinander verbundene Pendel und lassen diese schwingen, wodurch Sie diese voneinander abhängig machen. Die Wissenschaft kann nicht einmal die erste Bewegung des dritten Pendels vorhersagen, weil sie so empfindlich auf Anfangsbedingungen reagieren, dass man das Ergebnis nicht prognostizieren kann.
   Wir wissen: Im Winter ist es kälter als im Sommer. Wir können aber nicht vorhersagen, ob am 1. Juni 2025 20 Grad herrschen werden oder nur zehn Grad Celsius.
   Dieses chaotische Verhalten lässt sich in nahezu allen Bereichen der Naturwissenschaften nachweisen: In biologischen, ökologischen, physikalischen und anderen Systemen tritt dieselbe lang- oder kurzfristige Unvorhersagbarkeit auf.[93]

Vorhersagen für das Kollektiv sind möglich, für das Individuum nicht

Unter Berücksichtigung dieser drei Modelle kommt Robert Pucher zu seinem theoretischen Ansatz: »Wenn ein Mensch nun mit seinen Gedanken, mit seiner Intention Materie beeinflussen kann, so kann er auswählen, welchen Platz er in dieser Statistik hat. Er beeinflusst dies zwar, jedoch ohne dass es der Wissenschaft entgegenläuft oder von ihr beanstandet werden kann. Denn die Wissenschaft kann das Ergebnis für das Individuum nicht vorhersagen. Die Bedeutung der persönlichen Prognose für das Individuum ist demnach statistisch irrelevant.«

Somit stehe die Tatsache der Möglichkeit, Materie durch unsere Intention zu beeinflussen, nicht im Widerspruch zur Wissenschaft. Denn auch dort, wo eine klare Vorhersage für das Kollektiv möglich sei, könne für das Individuum keine klare Vorhersage getroffen werden.

Gerade erleben wir dies mit Covid-19. Wir können Prognosen erstellen, wie viele Menschen sich mit dem Coronavirus unter bestimmten Bedingungen infizieren werden und wie hoch der Prozentsatz jener Menschen ist, die intensivmedizinisch behandelt werden müssen oder sogar sterben. Doch ob es unseren Nachbarn treffen wird, ist nicht vorhersehbar.

»Ist keine Vorhersage möglich«, erklärt Pucher, »so kann ich auch nicht sagen, es wurde ein wissenschaftliches oder physikalisches Gesetz verletzt, wenn ein ganz bestimmter Fall eintritt. Der Zufall ist beeinflussbar in einem Bereich, wo die Wissenschaft nichts dagegen sagen kann, weil sie deren Modelle nicht tangiert.«

Hier könnte man einwerfen, dass die Statistik nicht mehr stimmt, wenn alle Menschen sich auf den Wunsch fokussieren, nicht an Covid-19 zu erkranken, und dies auch erreichen. Dazu sagt Pucher: »Das ist korrekt. Aber dann werden sich auch alle diese Menschen anders verhalten, und die gesamte Statistik verändert sich. Dieses Faktum, dass die gesamte Statistik bei vom Menschen verursachten Ereignissen vom Verhalten aller abhängt, wird geflissentlich ignoriert.«

Eine chaotische Kette von Wahrscheinlichkeiten

Besonders spannend empfindet Robert Pucher das deterministische Chaos:»Ich habe heute eine kleine statistische Wahrscheinlichkeit, die ich verändere. Ich fokussiere mich zum Beispiel darauf, dass ich in den USA arbeiten möchte. Es kann sein, dass allein diese Fokussierung dazu führt, dass im Gespräch mein Gegenüber etwas sagt, das mir sonst gar nicht aufgefallen wäre, was mich aber dazu bringt, etwas zu tun, was ich sonst nicht getan hätte. So kommt es zu Ketten durch Wahrscheinlichkeiten miteinander verknüpfter Ereignisse.«

Diese Ketten, so Pucher, funktionieren wie die bereits erwähnten verknüpften Pendel. Sie können nicht mehr vorhergesagt werden.»Es gibt daher keinen Grund, warum ein Gedanke, der einen unendlich kleinen Einfluss auf das gesamte System hat, nicht physikalisch nach einer bestimmten Zeit einen messbaren Einfluss erzielen kann. Dass dies möglich sein kann, kann die Wissenschaft nicht abstreiten.«

Robert Pucher fand den Ansatz zu seinem Modell, als er seine Schulkollegen aus dem Grazer Kepler-Gymnasium nach 30 Jahren wiedertraf.»Es gab schon zur Schulzeit verschiedenste Typen in unserer Klasse. Was aus ihnen geworden ist, passt auch nach Jahrzehnten genau zu jenem Typus, den sie schon damals verkörpert haben.«

Diese Erkenntnis war die Initialzündung für ihn zu fragen, was Menschen passiert, wenn sie zufällige Ereignisse erleben.»Es gibt eine Vielzahl solcher Zufallsereignisse, die Menschen eine bestimmte Richtung gaben, ohne dass es ihnen aufgefallen wäre.«

Pucher ist leidenschaftlicher Fallschirmspringer.»Ich habe irgendwann einmal für mich beschlossen: Ich möchte während dieses Sports nie bei einem riskanten Ereignis dabei sein. Eines

Tages wollte ich gerade in das Flugzeug einsteigen, das uns in 4000 Meter Höhe bringen sollte, als ein Freund zu mir kam. Er wollte unbedingt noch einen Sprung machen, also verzichtete ich für ihn auf meinen Platz in der einmotorigen Maschine. Bei diesem Flug kam es nur mit viel Glück zu keiner Katastrophe: Als ein Fallschirmspringer aus dem Flugzeug ausstieg, verhedderte sich sein Schirm im Leitwerk. Das Flugzeug wäre um ein Haar abgestürzt. Letztendlich ist alles gut ausgegangen. Es gab ein paar Leichtverletzte – aber ich war nicht dabei.«

Zufälle wie diesen gibt es im Leben eines jeden von uns. Wenn man Menschen beobachtet, merkt man, dass dieser Typ von Zufall aber in der Summe nicht auffällt. Wir messen ihm oft keine bewusste Bedeutung zu.

Die Kernfrage ist: Was beeinflusst diese Zufälle? Pucher meint: »Die Summe der Vorstellungen, die ein Mensch hat. Das, woran dieser Mensch tief im Inneren glaubt und was er vom Leben erwartet, ist die Antwort darauf.«

Meditation sieht auch Robert Pucher in diesem Zusammenhang als zentralen Schlüssel an. Er hält auch selbst Kurse dazu ab. Doch aus welchen Schritten besteht Meditation eigentlich?

1. **Schritt eins: Die Selbstbeobachtung**
   Das erste wesentliche Element ist die Selbstbeobachtung. Was geht in meinem eigenen Kopf vor? »Wir westlichen Menschen wissen das überhaupt nicht, außer wir trainieren es«, sagt Robert Pucher. »Diese Gedanken geben, wenn man es einige Zeit macht, ein relativ gutes Bild dessen, was man tatsächlich von der Wirklichkeit glaubt.«
2. **Schritt zwei: Die Fokussierung des Geistes**
   »Ein bisschen zu wollen ist in etwa so, wie ein bisschen Schreiben zu lernen. Es erfordert tatsächlich vier Jahre Grundschule

151

und dann nochmals zumindest weitere vier Jahre Übung, bis man in der Lage ist, vernünftig zu schreiben«, so Pucher. Genauso sei es mit der Meditation. Den Geist über eine gewisse Zeit zu fokussieren sei die Grundlage, um mit unseren Gedanken eine Wirkung erzielen zu können: »Ich muss daran glauben. Denken allein reicht nicht. Wenn ich diese Zeit oder die Fokussierung nicht aufbringe, erzeuge ich vielleicht einen kleinen Ausschlag im täglichen Gedankenrauschen, der aber nichts bewirkt.«

Fokussierung sei etwas, was der Mensch per se nicht könne. »Wir haben in unserer westlichen Welt gelernt, uns durch externe Faktoren zu fixieren: einen Film, ein Buch, eine Arbeit, die wir gerade abschließen. Aber wir haben nie gelernt, die Augen zu schließen und einen Gedanken festzuhalten. Wir schlafen ein, wir driften weg.« Pucher ergänzt: »Das, was viele Menschen unter Meditation verstehen – still sein und die Gedanken abzuschalten –, halte ich für zu wenig. Dass die Gedanken still werden, ist eine Folge von Meditation, aber nichts, was ich durch Wollen bewirken kann. Meine Gedanken kommen und gehen, sie werden nur still, wenn ich mich auf etwas fokussiere.«

Das Ziel der Meditation sei die Fokussierung und das Unbewusste zu erreichen. Das erfordert die innere Leere. Die meisten fernöstlichen Techniken des Meditierens dienen nicht dazu, das Leben zu verbessern, sondern um den Ursprung des Seins zu erkennen. »Das bedingt, dass ich mich wegfokussiere von dem, was das Leben ausmacht.«

3. **Schritt drei: Meditation im täglichen Leben**
   Wir bekommen Angst, wir ärgern uns, wir sind emotional – in solchen Situationen kann Meditation helfen, da sie den Automatismus, der hier oftmals im Gange ist, unterbricht.

Pucher nutzt dazu die Autosuggestion: »Ich sage mir: Ich will das so nicht mehr erleben, ich will, dass es anders ist. Dann stelle ich mir vor, was konkret passieren soll. Wenn ich das oft genug mache, beginne ich, anders auf Situationen zu reagieren. Ich lösche das internalisierte Verhalten und ersetze es durch ein anderes.« Ohne die Introspektion würde dies nicht funktionieren.

Emotionen werden im Gehirn im limbischen System generiert, das nicht dem Bewusstsein untersteht. Erst das Hinzuschalten der Großhirnrinde macht Gefühle bewusst: Ob Angst, Hass, Wut, Trauer oder Liebe empfunden wird, hängt davon ab, welche Bereiche des Cortex aktiv sind.

Ein Beispiel: Sie gehen nachts durch den Wald und begegnen plötzlich einem Wolf. Die Sinnesreize gelangen über den Thalamus zur Amygdala im Gehirn, die Teil des limbischen Systems ist. In Millisekunden wird der Reiz als gefährlich eingestuft. Über Hypothalamus und Hirnstamm geht der Körper in die Defensive: Der Blutdruck steigt, Schweiß bricht aus, es folgt Flucht oder die Bereitschaft zum Kampf. All das passiert in Sekundenbruchteilen, ohne dass wir überhaupt noch Angst bewusst wahrnehmen.

Das ist nicht der einzige Alarmmechanismus des Menschen. Der Reiz geht auch vom Thalamus zur Hirnrinde – auf diesem Weg deutlich langsamer, dafür aber genauer. Aus dem Hippocampus werden daraufhin Gedächtnisinhalte abgerufen. Das Gehirn gleicht die momentane Situation mit Erlebnissen der Vergangenheit ab und schätzt diese ein. Der präfrontale Cortex verarbeitet dabei die Gefühle und vergleicht die Optionen für die nun folgende Reaktion. Das Gehirn versucht aus den vorhandenen Sinneswahrnehmungen eine wahrscheinliche Interpretation der subjektiven

Bedeutung für das Individuum zu generieren. Dieser Prozess führt letztendlich zur jeweiligen individuell wahrgenommenen Realität.

Erklärt dies das Bewusstsein? Nein. Es ist uns nach wie vor nicht möglich, die neuronalen Schaltkreise im Gehirn und seine Funktionsweise zu verstehen. Es gibt keine exakten Daten über die Verschaltung der Neuronen. Viele Wissenschaftler wie Henry Stapp sind davon überzeugt, dass unser Gehirn mit klassischen physikalischen Methoden nicht beschrieben werden kann.

Wir sind überzeugt, dass Bewusstsein nicht im Gehirn entsteht. Es ist nichtlokal.

Körper und Geist gehören untrennbar zusammen

Der portugiesische Neurowissenschaftler und Bewusstseinsforscher António Damásio, der das Brain and Creative Institute der University of Southern California leitet, kommt in seiner Arbeit zwar zu dem Schluss, dass die seit Jahrhunderten gängige Trennung von Körper und Geist, wie sie schon Descartes beschrieb, falsch sei. Körper und Geist gehörten untrennbar zusammen. Er geht jedoch davon aus, dass das Gehirn ein Bewusstsein konstruiert, da ein wacher Geist einen Selbst-Prozess erzeuge. Damásio postuliert, dass das Wesen des Selbst darin bestehe, dass der Geist sich auf jenen materiellen Organismus konzentriere, in dem er zu Hause sei. Dabei seien Wachzustand und Geist unverzichtbare Bestandteile des Bewusstseins, sein charakteristisches Element jedoch sei das Selbst.[94]

Robert Puchers Theorie besagt, dass die außergewöhnlichen Fähigkeiten des Menschen, die wir die Welt-Kraft nennen, letztendlich als Veränderungen des Zufalls anzusehen sind. Er sagt: »Wir können durch unsere Intention Zufälle ein klein wenig verändern. Eine geringfügige Beeinflussung des Zufalles hat wesentliche Änderungen in den Ereignissen des Lebens zur Folge.«

Es gibt nur einen singulären Punkt, der für uns als Individuen entscheidend ist: das eigene Ich. Wir können das Leben nur aus unserer Perspektive erleben, niemals aus jener eines anderen Menschen, egal wie nahe er uns steht. Der Zufall ist nur ein mathematisches Konstrukt. Unser Leben ist nicht vorherbestimmt und daher nicht vorhersagbar. Ebenso wenig wie Wahrscheinlichkeiten nicht vorhersagen können, welches Los den Hauptpreis bei der Deutschen Fernsehlotterie gewinnt. Wir können nur die generelle Wahrscheinlichkeit berechnen, aber nicht die Auswirkung auf den Einzelnen.

9

Die Welt-Kraft
im Zeitalter der Liebe

Die Freude am Sein, das Mitgefühl
und die Idee des Gebens

Er ist auf einem Kreuzzug des Herzens. Wenn seine Blicke Sie treffen, so berühren sie Sie in Ihrem Innersten. Er muss kein Wort sagen, und doch fühlen Sie sich zu Hause. Er ist einer jener Menschen, die das Gute in unsere Welt bringen wollen, ohne etwas zu fordern. Er will geben, nicht nehmen. Doch dort, wo er herkommt, hat das anfangs niemand verstanden.

Nipun Mehta ist ein schlanker Mann Mitte 40 mit familiären Wurzeln in Indien und schütterem Haar. Seine Worte sind voll Leidenschaft, er hat ein Lächeln, das nie zu versiegen scheint. Aufgewachsen ist er in Santa Clara im kalifornischen Silicon Valley, einer Stadt mit rund 116 000 Einwohnern in der San Francisco Bay, Sitz von Intel und WhatsApp. Kaum einer arbeitet hier unter 80 Stunden pro Woche. In den Restaurants serviert man Abendmenüs ab Mitternacht, an den Tischen fachsimpeln Mittzwanziger über Server-Cluster, Börsengänge und Unicorns, die neuen Milliardenunternehmen, bevor es um ein Uhr früh wieder zurück an den Arbeitsplatz geht. »Es ging damals, als ich anfing, nur darum, Geld und Big Business zu machen«, erinnert sich Nipun Mehta in einem Gespräch mit uns an die Anfangszeit zurück.

Bereits mit sieben Jahren fing er an, Software zu programmieren. »Die Schule ist mir immer sehr leichtgefallen, ich war allerdings schon als Kind anders als andere. Im Alter von vier bis fünf Jahren habe ich mir schon die großen Fragen gestellt: Wer bin ich? Was passiert, wenn ich sterbe? Geht es nur um mich, oder wie geht es den anderen? In welchem Verhältnis und in welcher Beziehung stehe ich zu anderen? Das hat mich bereits in ganz frühen Jahren beschäftigt.«

Er war Klassenbester auf der Highschool und begann bereits mit 16 Jahren an der UC Berkeley Informatik und Philosophie zu studieren. Seine Eltern waren aus Indien in das Land der unbegrenzten Möglichkeiten gekommen, weil sie Nipun und seinem kleinen Bruder Viral die Chance geben wollten, den amerikanischen Traum zu leben. »Ich wollte entweder Yogi im Himalaya werden oder Tennisprofi«, erzählt uns Nipun.

Sein Vater Dinesh begann in der Computerindustrie zu arbeiten, seine Mutter Harshida brachte es bis ins lokale Management der Bank of America im Silicon Valley, wo sie das Geld einiger der reichsten Menschen der Welt verwaltete. Was Nipun auch anpackte, es wurde zum Erfolg. Er spielte Tennis als Teenager und gewann ein Turnier nach dem anderen. Als er mit 16 körperlich kleiner war als seine Gegner, verbannten ihn seine Trainer auf die Bank. Er war ein Gewinnertyp, und das ging ihm mächtig gegen den Strich.

Die Unternehmen rissen sich bereits um ihn, als er noch an der UC Berkeley studierte. Er begann, mit Aktien zu handeln, zum Teil mit Zehntausenden Dollars, gewann, verlor und zockte weiter, bis er schließlich Verluste in Gewinne verwandelte. Mit 20 hatte er sein Studium an der Eliteuni abgeschlossen, und Sun

Microsystems bot ihm einen hoch dotierten Job als Software-entwickler an.

Nipun wurde zu einem der Shootingstars der Branche, smart, hochintelligent, fokussiert und hungrig nach Erfolg. Schon Anfang 20 verdiente er mehr als die meisten Bankmanager mit Mitte 40 in Europa. Trotzdem lebte er noch im Haus seiner Eltern in einem fast leeren Zimmer und schlief in einem Schlafsack auf dem Boden. Während der eine oder andere Kollege zu Aufputschmitteln griff, um das immense Arbeitspensum zu bewältigen, war Nipun schon damals Vegetarier und trank keinen Tropfen Alkohol.

Der »Silicon-Valley-Star« und seine Botschaft von Liebe und Mitgefühl

In seinem kargen Büro im Building 16 auf dem Campus von Sun Microsystems wurde ihm jedoch schon sehr bald bewusst, dass das Leben mehr bietet als nur Geld. »Ich hatte so viele Angebote, mit Start-ups reich zu werden, doch das war nicht mein Plan«, erinnert er sich heute an diese Zeit zurück. Und er lächelt. Es vergeht kaum ein Satz ohne Lächeln.

Nipun Mehta hatte eine ganz andere Mission. »Meine Botschaft war eine der Liebe und des Mitgefühls. Das ist, was wirklich zählt.« Fünf Autos in der Garage? Schön, aber wozu, wenn du nur eins fahren kannst. »Viele Menschen glauben, dass sich ihr Wert durch die Größe ihres Vermögens definiert, doch das ist ein grundlegender Irrtum«, weiß Mehta. »Sie sind oft innerlich leer, weil Geld kein Garant für Glück, innere Zufriedenheit und Erfüllung ist. Ich habe mir damals eine einzige entscheidende Frage gestellt: Was macht mich eigentlich glücklich?«

Er hat seine persönliche Antwort auf die Fragen des Lebens gefunden: das Geben. Mehta kündigte seinen hoch dotierten Job bei Sun Microsystems. »Mit Anfang 20 meinen Eltern zu sagen, dass ich meinen Job aufgebe, war nicht leicht. Ich kann mich noch gut an die Reaktion meiner Mutter erinnern, die sagte: ›Warum verdienst du nicht zuerst Geld und gehst dann in Rente?‹«

Doch Nipun Mehta ließ sich nicht beirren. Seine spirituelle Reise begann. Er ging seinen Weg – und hat damit auch jene Branche maßgeblich verändert, die Milliarden US-Dollar mit Software, digitalen Plattformen, künstlicher Intelligenz und Algorithmen verdient.

Die unsichtbare Welt-Kraft

Nipun Mehta ist *der* »Social-Impact-Star« des Silicon Valley. Er gründete mit ServiceSpace eine Organisation, bei der Menschen ehrenamtlich anderen helfen. Mit zwei Freunden begann er, kostenlos Websites für Hilfsorganisationen und ein Obdachlosenheim zu programmieren. In zwei Jahrzehnten wurde daraus eine globale Bewegung mit über einer halben Million Freiwilligen, die seinem Aufruf folgten, unsere egogesteuerte Welt durch Mitgefühl, Güte und Großzügigkeit zu einer besseren zu machen. »Wir hatten keinerlei Erfahrung, keinen Plan. Es ist einfach passiert – und es war wunderbar. Ich hatte das Gefühl, dass wir durch eine unsichtbare Kraft geführt wurden – sie ist das, was ihr Welt-Kraft nennt. Sie hat uns dazu gebracht, in einem Umfeld, das nur darauf ausgerichtet war zu nehmen, geben zu wollen. Wenn Menschen im Silicon Valley geben, dann nur weil sie sich eine Gegenleistung erwarten. Wir aber wollten bedingungslos geben – das ist unser Prinzip.«

Barack Obama, 44. Präsident der Vereinigten Staaten von Amerika, ernannte Nipun Mehta zu seinem Berater, der Dalai-Lama zählt ihn zu seinen Vertrauten. Und das Magazin *OOOM* reihte ihn 2020 in seinem jährlichen Ranking der 100 inspirierendsten Menschen unserer Zeit auf Platz 22.[95]

Nach ServiceSpace gründete er eine Organisation nach der anderen, wie er uns erzählt: »Wir machen das ähnlich wie ein Biobauer. Bei einer Monokultur ist es zwar einfach, das Obst zu ernten, aber es wird schon bald nichts mehr wachsen. Wir haben uns deshalb für eine Polykultur entschieden: Wir bauen viel Verschiedenes an.«

DailyGood.org versendet seit 23 Jahren jeden Tag eine gute Nachricht, KarmaTube.org ist eine Plattform für positive Videos, die Millionen Menschen ansehen. KindSpring.org ist das weltgrößte Portal für Freundlichkeit. »Durch die ständige negative Berichterstattung haben wir eine Welt kreiert, die nur unsere Urinstinkte anspricht: Angst, Wut, Aggression. Wir wollen durch positive Nachrichten unsere höheren Instinkte wie Freundlichkeit, Mitgefühl und Barmherzigkeit fördern.«[96]

Karma Kitchen: Speise kostenlos – und zahle für den Nächsten

Nipun Mehta gründete auch Karma Kitchen in mehr als zehn Ländern der Welt: ein Pop-up-Restaurant mit einem revolutionären Konzept. Auf der Speisekarte stehen keine Preise. Jeder Gast kann im Restaurant essen und bekommt am Ende eine Rechnung, auf der 0 Dollar bzw. Euro steht – weil ein anderer bereits für ihn bezahlt hat. Nun könnte er einfach gehen. Er hat aber die Möglichkeit, für den nächsten Gast zu zahlen.

Das Konzept wurde zum großen Erfolg. Wie hat er es geschafft, eine globale Bewegung des Gebens ins Leben zu rufen und so viele Menschen dafür zu begeistern? »Ich habe keine Ahnung«, lacht Nipun Mehta. »Wir waren einfach so anders als der Rest des Silicon Valleys. Es wäre auch ein Leichtes gewesen, auf diese Art Geld zu machen, wir wollten das aber nicht. Das war für alle anderen nicht zu begreifen. Je mehr wir gegeben haben, desto mehr Menschen hat es bewegt, desto mehr Menschen schlossen sich uns an, und so hat sich der Effekt vervielfacht.« Er ist überzeugt: »Alles im Leben fügt sich.«

Dass er heute die Welt zum Besseren verändert, hängt auch mit einem Ereignis zusammen, das er als 16-Jähriger in Indien erlebte. »Ich habe zum ersten Mal Indien besucht. Einer meiner Freunde hatte sich gerade ein Moped gekauft. Er war extrem aufgeregt und wollte mit mir unbedingt eine Probefahrt machen. Normalerweise würde man bei Schlaglöchern auf der Straße abbremsen, er aber hat so lange beschleunigt, Pirouetten gedreht und ist geschleudert, bis mir schlecht geworden ist. Mein Magen, der mittlerweile amerikanisiert war, war so etwas nicht mehr gewohnt. Ich musste mich übergeben. Plötzlich kam ein völlig fremder Mann auf dem Fahrrad auf mich zu. Er sprach kein Wort, ging nur zu einem Obststand und kaufte eine Zitrone. Er kam zu mir und flößte mir den Saft der halben Zitrone ein. Dann packte er die andere Hälfte der Frucht ein und fuhr wortlos weiter. Ich habe mich viel besser gefühlt und war beeindruckt. Ich fand sein Verhalten wunderschön: Er hat es einfach getan, nicht geknüpft an Bedingungen oder Gegenleistungen. Er wollte mir nur helfen. Er nahm die zweite Hälfte der Zitrone für seine Familie mit. Er hatte nichts und wollte trotzdem mit mir teilen. Da dachte ich mir: So will ich sein. So sanft, so großzügig, so demütig, so mitfühlend und so liebevoll.«

Für seine Projekte arbeitet Nipun Mehta fast ausschließlich mit Freiwilligen. Und: Sie sammeln keine Spenden. »Was wir tun, tun wir aus Liebe«, sagt er. »Dies ist die wichtigste Welt-Kraft«, weiß er nach über zwei Jahrzehnten Erfahrung im Geben. »Sie entwickelt eine enorme Energie, wenn wir keine Bedingungen daran knüpfen. Es ist so, als wären wir Instrumente von etwas viel Größerem.«

Der erste Schritt:
Ein täglicher Akt der Freundlichkeit

In diesem Buch widmen wir uns den verschiedenen Formen der Welt-Kraft, die wir Menschen entwickeln können, um glücklicher, erfüllter und gesünder zu leben. Viele davon sind aus Sicht der heutigen Wissenschaft nicht rational erklärbar, Liebe und Mitgefühl allerdings schon. Sie sind auf dem Weg zu uns selbst die zentralen und stärksten Formen der Welt-Kraft.

Sie zu forcieren, davon ist Nipun Mehta überzeugt, sei ganz einfach für jeden von uns möglich: »Durch einen kleinen Akt der Freundlichkeit – a small act of kindness.« So begann auch ServiceSpace. »ServiceSpace ist ein Feld von intrinsisch motivierten kleinen Akten der Freundlichkeit, der Großzügigkeit und des Service. Wenn wir verbunden sind, entsteht eine ganze Art kollektiver Intelligenz, die größer ist als die Summe ihrer Teile.«

Nipun Mehta, der Mann, dem Obama vertraute, setzt in seiner gesamten Arbeit auf kleine Akte der Freundlichkeit, die jeder von uns vollbringen kann. Dieses bedingungslose Geben verändert uns zum Positiven. Wir leben in einer materialistischen, leistungs- und erfolgsorientierten Welt, in der Geld und Reichtum Ziele des Strebens sind und Gier alltäglich ist. »Aber wir werden so nicht geboren«, sagt Mehta. »Erst wenn wir erwachsen werden, beginnen wir alles mit einem monetären Fingerabdruck zu sehen. Die gesamte Wirtschaft basiert auf der Idee, dass wir darauf abzielen, unsere Eigeninteressen zu maximieren. Das Maß, das wir dafür verwenden, ist Geld – und das ist ein Fehler. Doch woher kommt diese Selbstsucht?«

Er nimmt einen Schluck Tee, lächelt und erklärt: »Was motiviert mich zu handeln? Angst, Wettbewerb, Knappheit sind Impulse, die mich motivieren. Aber erzeugen sie ein höheres Streben? Nein. Wir haben unsere Gesellschaft entworfen wie auch Technologien und Geld, um mit diesen Basisimpulsen agieren zu können. Der Akt des Gebens ist das vielleicht größte Geschenk, das wir uns selbst machen können.«

Unser Tipp: Fangen Sie heute damit an. Vollführen Sie einen kleinen Akt der Freundlichkeit. Gehen Sie mit dem Hund des Nachbarn spazieren. Zahlen Sie beim Drive-in für das Fahrzeug hinter Ihnen. Schenken Sie Ihren Kolleginnen und Kollegen im Büro eine Tafel Schokolade. Bieten Sie jemandem an, seinen Rasen zu mähen. Egal was Sie tun, tun Sie es aus Mitgefühl und Liebe, auch Wildfremden gegenüber. Erwarten Sie nichts, keine Gegenleistung, nicht einmal ein Dankeschön. Freuen Sie sich über das, was zurückkommt. Sie werden überrascht sein, wie sich Ihr Leben innerhalb kurzer Zeit durch einen täglichen Small Act of Kindness verändert.

Geben ist keine Frage des Reichtums

Wir leben in einer Zeit des fundamentalen Wandels. Covid-19 hat unser Leben, wie wir es jahrzehntelang gewohnt waren, dramatisch und für immer verändert. Es war normal, die Nähe von

Menschen zu spüren, sie zu umarmen und sich mit ihnen aus-
zutauschen. Doch mit einem Mal gehört die physische Distanz
zu unserem Alltag.

Doch die Coronakrise hat noch viel mehr mit uns Menschen
gemacht. Nipun Mehta sieht in einem kleinen täglichen Akt der
Freundlichkeit, der eine besondere Kraft in uns hervorruft, den
entscheidenden und wichtigsten Schlüssel für diese Zeit. Er
sagt: »Für mich ist das der Kernbaustein: Vollbringe einen Akt
der Freundlichkeit. Tu es für den Planeten. Mache es als Akt des
Dienstes am anderen, als Akt der Liebe. Für mich ist das die
Welt-Kraft schlechthin.«

Selbst bedeutenden Persönlichkeiten gibt er denselben Rat.
»Es hat mich ein sehr mächtiger, reicher Mann aus Texas in
Santa Clara besucht. Er möchte ein Vermächtnis hinterlassen,
Gutes in dieser Welt tun und bat mich, ihm zu sagen, was konkret. Ich sagte ihm: ›Zahl auf dem Highway die Mautgebühr für
das Auto hinter dir.‹ Er lächelte etwas irritiert und meinte
schließlich: ›Okay, das ist toll, aber sag mir jetzt, was ich wirklich
machen soll.‹ Ich sah ihn lächelnd an und sagte nochmals zu
ihm: ›Genau das sollst du tun. Es wird deine Sicht verändern und
die Perspektive, aus der du die Welt betrachtest.‹ Wenn du in jedem beliebigen Moment in diesem Zustand sein kannst, auch
jetzt in diesem, dann ist das der richtige Weg zu deiner eigenen
inneren Führung und Weisheit.«

Der Trugschluss, dem wir oft erliegen, ist zu glauben, dass wir
erst geben können, wenn wir auch etwas haben. Dass dies keine
Frage des Vermögens, des Wohlstands ist, stellte Nipun Mehta
bereits 2005 fest. Sechs Monate nach seiner Hochzeit beschloss
er mit seiner Frau Guri auf Pilgerreise durch Indien zu gehen.
»Wir hatten nichts mit. Wir aßen, was uns angeboten wurde,
schliefen, wo immer man uns einen Platz anbot. Das Einzige, was

wir geben konnten, waren kleine Handlungen der Freundlichkeit. Wir gingen so rund 1000 Kilometer zu Fuß.« Am Ende ihrer Reise kamen sie zu einem Kloster, wo sie ganze drei Monate lang blieben und meditierten.

Auf die Frage, was man geben will, wenn man nichts hat, antwortet er: »Bedeutet es, dass ich bankrott geboren wurde, wenn ich nichts Materielles geben kann? Bin ich nicht mehr als eine Ansammlung von Dingen, die ich weitergeben kann?« Nipun Mehta lehnt sich zurück, und da ist wieder dieses Lächeln, das alles durchdringt. »Wir denken, wenn wir von Reichtum sprechen, in einer sehr engen Art und Weise an materielle Dinge. Das erlaubt uns nicht zu sehen, dass wir auf ganz verschiedene Arten geben können, nicht nur auf materielle Weise. Du kannst einen guten Willen aussenden, ein Gebet, einen Segen, wenn du einen Obdachlosen triffst – auch das zählt. Alles zählt.«

Die Skalierung des Guten

Die wichtigste Botschaft Nipun Mehtas aber ist: Das Gute ist skalierbar. Als er 1999 im Silicon Valley anfing, begann er in seinem Umfeld Menschen für seine Idee zu begeistern.

In unserer heutigen Zeit geht es oftmals in erster Linie um eine erwünschte Wirkung: Wir wollen etwas tun und warten auf die Reaktion unseres Umfelds, unserer Freunde, Verwandten oder wildfremder Leute. Social Media hat die Art, wie wir mit Resonanz, Wirkung und Emotionen umgehen, grundlegend verändert. Was passiert, wenn ich einen kleinen Akt der Freundlichkeit vollbringe und mein Gegenüber beginnt zu weinen? Was geschieht jedoch, wenn es nicht weint? Was ist, wenn es mich oder meine Handlung ablehnt und ich sie am Ende nicht posten kann?

»Wir müssen loslassen, was unsere Wirkung betrifft«, erklärt Nipun Mehta. »Es geht um Freundlichkeit, Empathie und Mitgefühl, was bedeutet, dass Reichtum verschiedenste Formen hat und uns ebenso verändert wie unsere Beziehungen.« Für ihn steht die innere Transformation durch genau diesen Prozess des Gebens, ohne etwas zu verlangen, im Zentrum. Er wird in unserer heutigen Welt nur sehr selten in die Tat umgesetzt, besonders von jüngeren Menschen. Mehta: »Sie vollbringen einen kleinen Akt der Freundlichkeit – und dieser Akt ist großartig. Sie sind großartig, unabhängig von der Reaktion und den momentanen Folgen.«

30 Tage Meditation und Schweigen

Jedes Jahr zieht sich Nipun Mehta für mindestens dreißig Tage zurück, um zu meditieren – und zu schweigen. Er ist dann nicht erreichbar, nicht einmal für seine Familie. Er meditiert den ganzen Tag. »Meditation ist für mich der Schlüssel zur Welt-Kraft und zu einem spirituellen Bewusstsein. Es ist ein Überlebensplan.«

Als Covid-19 2020 losbrach, war er gerade zum Meditieren in einem Retreat. »Und ich komme heraus und erkenne, dass sich die ganze Welt in einem Meditationsretreat befindet.« Die Wirkung der Meditation sei einzigartig und mit nichts vergleichbar: »Es beginnt dich von vorhersehbaren Wegen wegzuführen und gibt dir ein tiefes Vertrauen in die Entstehung. Du erkennst, dass alles fließt. Es zeigt uns, dass Kausalität und Korrelation keine fixen Größen sind. Du denkst, du kennst die Ursache, weshalb etwas passiert. Aber tatsächlich gibt es dahinter so viele andere Ursachen, die alles andere erst erschaffen. Es ist alles im ständigen

Fluss. Die Idee des Fließens ist zu erkennen, dass selbst ein Genie keines ist, sondern dass Genie durch es hindurchfließt. Dass du dich nicht mit dem Verstand und der Materie einer anderen Person verbindest, sondern dass diese Verbindung tatsächlich auf einer viel tieferen Ebene stattfindet. Wir sind alle miteinander verbunden. Uns verbindet – wie ihr es in eurem letzten Buch so wunderbar beschrieben habt – der Welt-Geist.«

Der Schlüssel zur Welt-Kraft ist die Liebe

Wir stehen am Anfang eines Zeitalters der Liebe. Die letzten Jahrhunderte waren geprägt von Wettbewerb in allen Bereichen des Lebens: des Einzelnen mit seinem Umfeld, von Bevölkerungsgruppen, aber auch von Staaten miteinander. Das Streben nach Vorteil und Überlegenheit wurde oft mit brutalen Mitteln umgesetzt.

Noch vor 170 Jahren war beispielsweise die Sklaverei ein normaler Teil der amerikanischen Gesellschaft. Verschleppte Menschen aus Afrika wurden an die Meistbietenden als Sklaven verkauft, wo sie auf Baumwoll- oder Tabakplantagen schuften oder sich als Diener verdingen mussten. Erst Präsident Andrew Johnson schaffte am 18. Dezember 1865 das Gesetz für den 13. Verfassungszusatz und beendete so nach einem blutigen Bürgerkrieg zwischen Nord- und Südstaaten die Sklaverei. Noch heute bestimmen Übergriffe auf Menschen anderer Hautfarbe unseren Alltag, aber wir nehmen sie nicht mehr hin, wie die »Black Lives Matter«-Bewegung eindrucksvoll gezeigt hat.

In dieser neuen Zeit wird die Liebe, unterstützt von Mitgefühl und Empathie, zu unserer wichtigsten Botschaft. Wie noch nie zuvor in der Geschichte der Menschheit haben wir mit

Digitalisierung und Internet ein Mittel, das uns ermöglicht, diese Botschaft in die Welt zu tragen. »Nichts ist so effizient, wie wenn eine Gruppe von Menschen damit beginnt. Dann bekommt das Ganze – das größer ist als die Summe seiner Teile – eine ganz andere Dynamik«, sagt Nipun Mehta. »Wenn der Gedanke mit dem übereinstimmt, was du mit deinem Verhalten in Einklang gebracht hast, dann bist du plötzlich dabei, ganz andere Wellen in der Welt zu erzeugen.«

Gandhi 3.0: Leadership der Liebe

Im Frühjahr 2020, unmittelbar vor dem ersten globalen Lockdown, lud Nipun Mehta Persönlichkeiten aus der ganzen Welt nach Ahmedabad, Indien, zu Gandhi 3.0 ein. Etwa 50 »Love Warriors« sollten sich zum 150. Geburtstag von Mahatma Gandhi in dessen Ashram treffen. Es gab keine Agenda, keine Erwartungen, keinen Plan, nur ein Ziel: Ideen für eine bessere Welt zu entwickeln, um mehr Liebe, Achtsamkeit und Mitgefühl in diese zu bringen.

Manche Teilnehmer reisten im Privatjet an, andere hatten nicht einmal ein Bankkonto. Vom Internetmilliardär über Volontäre, ehemalige CIA-Agenten, »Silicon-Valley-Größen«, mexikanische Schamanen bis zum Berkeley-Professor sprachen alle auf Augenhöhe über Visionen, Projekte, Ziele, Liebe und Mitgefühl. Dazu Mehta: »Es ist ein Kreis, der seine Stärke darin finden soll, das Bekannte aufzugeben, um die Entstehung einer neuen kollektiven Kraft zu formen.«

Ahmedabad ist ein Ort mit eindrucksvoller Geschichte. Mahatma Gandhi ließ sich hier nach seiner Rückkehr aus Südafrika 1915 nieder und gründete den Harijan-Ashram am Ufer des

Sabarmati-Flusses. Von hier startete er 1930 seinen friedlichen »Salzmarsch« gegen die britische Kolonialmacht, um ihr Monopol auf das Gewürz zu brechen. Genau von hier soll jetzt eine neue kollektive Bewegung um die Welt gehen, eine, die langsam, aber kontinuierlich eine Veränderung mit sich bringt.[97]

Der Vagusnerv steuert Altruismus

Pinterest-Gründer Evan Sharp, der mit seiner Plattform zum Internetmilliardär wurde, saß bei Gandhi 3.0 vertieft im Gespräch mit zwei vietnamesischen Bauern, die von zwei Dollar am Tag leben und einen dritten gar nicht wollen.

Facebook-Berater und Berkeley-Professor Dacher Keltner, Gründer des Greater Good Science Center, sprach über Emotion und Altruismus und erklärte, warum wir dazu geboren sind, gut zu sein. »Ich habe die menschlichen Emotionen 25 Jahre lang studiert, und dabei haben wir eine Menge über den Flucht-oder-Kampf-Mechanismus – *flight or fight* – gelernt, über Blutdruck, Herzschlag, das Stresshormon Cortisol, schwitzende Handflächen – das alles ist Emotion. Aber erst als wir Dinge wie Schönheit und Mitgefühl erforscht haben, habe ich fast täglich ein warmes Gefühl in meiner Brust gespürt oder hatte Tränen in den Augen. Ich habe mich so ehrfürchtig gefühlt«[98], schildert er seine Forschung.

Zusammen mit seinem Team an der UC Berkeley, Kalifornien, fand er heraus, dass der Vagusnerv besonders geeignet zu sein scheint, um Altruismus zu entwickeln. »Der Vagusnerv sitzt im Rückenmark, ist verbunden mit den Muskeln, die das Gesicht bewegen und den Rachen, er hilft dabei, Menschen anzuschauen, geht unter dem Herzen hindurch, ist mit dem Pulsschlag verbunden, dem Atem, er geht bis in den Bauch, zu den Verdauungsorganen. Der Physiologe Stephen Porges hat gesagt, dass er der Säugetiernerv für Liebe und Zuneigung ist. Wir sind dazu geboren, gut zu sein, denn ein Teil unseres Nervensystems hat die Strukturen dazu. Es ist der größte Zusammenschluss von Nerven in unserem menschlichen Nervensystem. Seine Aktivität kann gemessen werden, wenn man sich anschaut, wie Puls und Atmung zusammenarbeiten. Mitgefühl zu empfinden stimuliert den Vagusnerv, das tut es wirklich. Bist du ein Mensch, der anderen viel gibt, aktivierst du oft den Vagusnerv. Und andere Studien zeigen: Wenn du einen Vagusnerv hast, der aktiv ist und auf Reize gut reagiert, bist du gesünder, du gehst mit Traumata besser um, hast stärkere Beziehungen und ein besseres Immunsystem.«[99]

Der Vagusnerv lässt sich trainieren, so Keltner:»Viel Sport zu machen aktiviert den Vagusnerv, aber auch eine einfache Übung, die ich oft meinen Studenten beibringe: Nehmt einen tiefen Atemzug ein – und atmet aus. Diese simple Übung stärkt den Vagusnerv. Wir wissen auch, dass Liebe und Freundlichkeit zu praktizieren, Gutes zu tun oder Schönheit anzuerkennen ihn stärken kann. Die Menschen merken ja auch, dass sie sich gut fühlen, wenn sie in der Natur spazieren. Auch wenn man Texte vom Dalai-Lama über Mitgefühl liest, trainiert das den Vagusnerv. Freundlichkeit, tiefes Atmen und Ehrfurcht sind eindeutig wissenschaftlich belegte Auslöser dafür, dass sie den Vagusnerv aktivieren, und dann gibt es auch noch andere Dinge, wie alle Arten der Meditation, eine gute Massage oder Umarmung, zurück zu unseren Wurzeln und zur Gemeinschaft zu finden.«[100]

Evan Sharp, Dacher Keltner, aber auch Tsering Gellek, die buddhistische Mönche auf die Welt außerhalb ihres Tempels vorbereitet, Stephen DeBerry, einer der wenigen Risikokapitalgeber of Color des Silicon Valley, *OOOM*-Verlegerin Christina Zappella-Kindel, Ejna, die Stammes-Friedensbotschafterin der Crow Creek Sioux in South Dakota, oder Paulette Pipe, eine britische Pastorin, die Achtsamkeit und Meditation lehrt – sie alle wurden Teil von Gandhi 3.0. Selbst Gandhis Enkel Rajmohan Gandhi kam zum Gedankenaustausch. »Wir hatten keinen Plan«, fasst Nipun Mehta Gandhi 3.0 zusammen, »aber es schien, als hätten sich unsere Herzen zu einem geformt.«

Ein wichtiges Thema war die Frage: Wie viel in meinem Leben ist Anstrengung, und wie viel ist Gnade? Viele von uns denken, 90 Prozent sei Anstrengung. »Bei mir war es anfangs auch so, heute ist es genau umgekehrt«, resümiert Nipun Mehta, und da ist wieder sein markantes Lächeln. »90 Prozent sind unverdient. Der Weg dorthin war Meditation, Liebe, Mitgefühl. Wir können nicht am Montag Samen in den Boden säen und am Dienstag fragen: Wo ist die Tomate? Alles muss zur richtigen Zeit zusammenkommen. Wir müssen aber lernen, Dinge zu tun, unabhängig davon, was dabei herauskommt. Dieser Akt der Liebe ist der mächtigste Meditationszustand, den ich erlebt habe.«

Das Lächeln des Dalai-Lama

Für Nipun Mehta ist klar: »Die Art und Weise, wie wir miteinander verbunden sind, entsteht aus dem Bewusstsein.« Dieses sei nicht im Körper zu finden.

Der Vertraute des Dalai-Lama erzählt dazu eine Geschichte, die ihn heute noch zum Schmunzeln bringt: Der chilenische Neurowissenschaftler und Philosoph Francisco Varela stand dem Dalai-Lama sehr nahe. Er schrieb diesem also, dass er gerne untersuchen möchte, was mit Mönchen passiert, wenn sie meditieren.

Varela war die ganze Welt der Meditation neu. Er besuchte den Dalai-Lama, brachte nochmals seine Bitte vor, und der Dalai-Lama begann zu lächeln. Dann sagte er: »Ja, das ist eine gute Idee, ich werde Ihnen einen Brief geben, damit Sie die Mönche studieren können.« Also pilgerte Varela zu einem isolierten Kloster, das Schreiben des Dalai-Lama in der Hand, und erklärte den Mönchen, er wolle bei ihnen mit einem Elektroenzephalogramm (EEG) die Gehirnströme während der Meditation messen. Dabei werde er ihnen Elektroden auf den Kopf setzen.

Die Mönche fingen an zu lachen, aber wollten ihn – dem Dalai-Lama zuliebe – unterstützen. Varela war irritiert und meinte: »Hey, ich versuche hier Bewusstsein zu beweisen.« Da lachten die Mönche noch mehr, was er gar nicht mehr verstand. Bis einer der Mönche ihm den Grund für ihre Heiterkeit erklärte: »Du versuchst den Geist und das Bewusstsein nachzuweisen und glaubst wirklich, du findest sie im Kopf oder Körper?«

Nipun Mehta hat eine Sicht des Bewusstseins, die unserer sehr ähnlich ist: »All das liegt in einem größeren Bewusstseinsfeld. Und jenseits dieses Bewusstseinsfeldes sind die vier *Brahmaviharas* der Herzen.«

Dass unsere Intention und unsere Gedanken als Welt-Kraft Materie verändern können, davon ist Nipun Mehta überzeugt. Nicht nur das: »Ich denke, dass unsere Absicht alles ändern kann, ich denke sogar, es ist das Einzige, was die Welt verändern kann. Denn bevor wir überhaupt handeln, müssen wir eine Absicht haben. Diese Qualität der Absicht ist das, was die Welt bewegt. Es ist wie ein grundlegendes Zeichen dieser Veränderung. Ich glaube fest an die Kraft des Gebets, an die Kraft des Segens, an die Kraft der liebenden Güte, *Metta*, wie sie Buddha bezeichnet hat. Aber ich gebe diesem Gebet keine Richtung, ich übergebe auch das der Gnade.

Nipun Mehta ist überzeugt, dass wir als Menschen, als Individuen, auf diesem Planeten nur auf der Durchreise sind: »Wenn du glaubst, dass die Geburt der Anfang ist, kannst du auch denken, dass der Tod das Ende ist. Ich glaube das nicht. Ich wurde schon oft gefragt: Glaubst du an Reinkarnation? Und ich antworte immer: Glaubst du an die Geburt? Wenn du an die Geburt glaubst, glaube ich an die Reinkarnation. Ich denke, dass sich der Geist in verschiedenen Formen der Materie fortsetzt, was wir gemeinhin Reinkarnation nennen. Aber ich denke auch, dass es einen Zustand gibt, der über die Reinkarnation hinausgeht und den wir erreichen können.«

10

Die Verbundenheit unserer Herzen

Das Herz als zweites Gehirn und Quelle der Intuition

Manchmal ist es das Nichts, die Leere, die Pause, die den Unterschied macht. Ohne sie würde es keine fünfte Symphonie von Beethoven geben, keine Antrittsrede des designierten US-Präsidenten Barack Obama 2008 in Chicago, kein *Jerusalema* von Master KG. Enigma, die wundersame Verschlüsselungsmaschine der deutschen Wehrmacht, hätte nie von Alan Turing geknackt werden können, weil es ohne Pause keinen Morsecode gegeben hätte und somit auch keine Maschine.

Auch wir Menschen würden ohne die Pausen zwischen den einzelnen Schlägen unseres Herzens nicht existieren können. Ihre Bedeutung ist weitaus größer, als sich die meisten von uns vorstellen können.

Das HeartMath Institute in Boulder Creek, Kalifornien, liegt an der West Park Avenue hinter einem hohen Holzzaun, der von einer Reihe stattlicher Zypressen eingesäumt wird. Vier Treppen führen hinauf zum großen schmiedeeisernen Metalltor, das in das parkähnliche Areal führt. Seit 30 Jahren widmet sich das gemeinnützige Institut der Erforschung des Herzens.

Doc Lew Childre Jr. hat es 1991 gegründet. Sein Vater war Musiker und erlangte mit dem Countrysong *Let's Go Fishing* lokale Berühmtheit. Er selbst hatte mit Anfang 20 gesundheitliche Probleme und begann nach alternativen Behandlungsmethoden zu suchen, die Stress reduzieren. Schnell fand er heraus, dass Musik in der Therapie eine wesentliche Rolle spielen könnte. Mit Rollin McCraty, Professor an der Florida Atlantic University, engagierte Childre einen extrem kompetenten Forschungsdirektor. Der Schwerpunkt seiner wissenschaftlichen Arbeit ist die Frage, wie Emotionen kognitive Prozesse, das Verhalten und die Gesundheit beeinflussen.

So entwickelte Doc Childre mit seinem Team das HeartMath-System, das auf die Funktionsweise des Herzens abgestimmte praktische Programme, Technologien und Geräte umfasst, mit denen sich Gesundheit, Leistung und Wohlbefinden verbessern lassen. Auf wissenschaftlicher Ebene initiierte das HeartMath Institute bisher über 300 Studien zum Herzen, aber auch zu seiner Verbindung zum Gehirn und zur Frage der Existenz eines globalen Bewusstseins.

Einige Studien sind bahnbrechend und lassen die Funktion des Herzens in völlig neuem Licht erscheinen. Bisher galt das Herz als lebenswichtiger Muskel, der durch seine regelmäßigen Schläge Blut in unseren Kreislauf pumpt, um so das Gehirn, unsere Muskeln und Organe mit Sauerstoff zu versorgen. Anschließend fließt das Blut zurück zum Herzen, wird von der Lunge wieder mit Sauerstoff angereichert und abermals auf die Reise durch unseren Körper geschickt. Ein immerwährend gleicher, scheinbar monotoner Prozess.

Nur wenn dieser auf einmal von seiner Monotonie abweicht, zum Beispiel durch Arrhythmien, wenn das Herz zu schnell, zu langsam oder gar unregelmäßig schlägt und scheinbar stolpert, kann das ernste Folgen haben. Setzt das Herz plötzlich aus, entsteht im Gehirn durch den Sauerstoffmangel nach wenigen Sekunden ein Funktionsausfall, spätestens nach einer Minute setzt auch die Spontanatmung aus. Wird nicht sofort eine Herzdruckmassage durchgeführt oder ein Defibrillator eingesetzt, um die Herztätigkeit zu reaktivieren, stirbt der Mensch binnen weniger Minuten. Das ist die bekannte Geschichte des Herzens, ohne das kein Mensch leben kann.

Es gibt aber noch eine ganz andere Geschichte, die wir erzählen können, weil sie das HeartMath Institute erforscht hat. Und in dieser Geschichte spielen die Pausen eine wesentliche Rolle.

Das Gehirn in unserem Herzen

»Jeder Herzschlag erzeugt ein elektromagnetisches Feld, das wir mit Magnetometern messen können«, erklärt uns Rollin McCraty bei seinem Besuch in Wien. Wir alle kennen Untersuchungen mit dem Elektrokardiogramm (EKG), das die elektrischen Aktivitäten des Herzens aufzeichnet, verursacht durch Spannungsänderungen am Herzmuskel nach einer elektrischen Erregung durch den Sinusknoten im rechten Vorhof, die zu einer Kontraktion führt. Das Herz erzeugt aber auch ein elektromagnetisches Feld, und dieses ist sogar noch im Abstand von bis zu drei Metern vom Körper messbar.

Dieses Feld sagt sehr viel über den Menschen aus, wie die Forschung des HeartMath Institute zeigt. »Bisher wurde die Kommunikation zwischen Gehirn und Herz aus einer eher einseitigen Perspektive betrachtet«, weiß McCraty. »Es ging um die Reaktionen des Herzens auf die Befehle des Gehirns. Tatsächlich ist es aber ein wechselseitiger Dialog, bei dem jedes Organ kontinuierlich die Funktion des anderen beeinflusst. Das Herz kommuniziert neurologisch durch Übertragung von Nervenimpulsen, biochemisch über Hormone und Neurotransmitter, biophysikalisch und schließlich energetisch durch Wechselwirkungen mit elektromagnetischen Feldern.«

Der Neurokardiologe John Andrew Armour, der lange an der University of Montreal in Kanada lehrte, war der erste Wissenschaftler, der mit seiner bahnbrechenden Forschung die Theorie eines funktionellen Gehirns im Herzen entwickelte. Das Herz spielt eine einzigartige synchronisierende Rolle im Körper. Es ist Sinnesorgan und ein hoch entwickeltes Zentrum für Informationscodierung und -verarbeitung mit einem umfassenden intrinsischen Nervensystem.[101]

Das Herz weist eine komplexe Hierarchie verschachtelter Rückkopplungsregelkreise auf, ein neuronales Netzwerk, und muss als selbstorganisiertes System angesehen werden, das einen kontinuierlichen wechselseitigen Dialog mit dem Gehirn führt. Es ist ein kompliziertes Netzwerk aus komplexen Ganglien, Neurotransmittern und Proteinen, die jenen des Gehirns im Kopf entsprechen. Die neuronalen Schaltkreise des Herz-Gehirns ermöglichen es ihm, unabhängig vom eigentlichen Gehirn zu handeln, zu lernen, sich zu erinnern, Entscheidungen zu treffen und sogar zu fühlen und zu spüren.[102]

Armours Forschung belegte erstmals, dass das Herz mehr Informationen an das Gehirn sendet als umgekehrt.[103] Neuere Studien zeigen, dass das intrinsische Herznervensystem sowohl eine Art Kurzzeit- als auch Langzeitgedächtnisfunktion hat und unabhängig vom zentralen neuronalen Befehl des Gehirns arbeiten kann.

Diese Erkenntnisse sind umso interessanter, als das Herz in der Traditionellen Chinesischen Medizin (TCM) jene Funktionen innehat, die in der westlichen Medizin dem Gehirn zugeschrieben werden. Für die Taoisten ist das Gehirn im Herzen, da hier das *Shen* sitzt, das organisierende Bewusstsein, das die psychischen Aspekte der anderen Organe im Gleichgewicht hält. Diese Aspekte kennen wir als *Yi* (mentales Bewusstsein), *Zhi* (die Fähigkeit zur Konkretisierung), *Po* (körperliche Vitalität) und *Hun* (spirituelle Vitalität).[104]

In der TCM ist die subtile Form der Energie, die *Shen* genannt wird, das Bewusstsein, das seinen Sitz im Herzen und im Blut hat. Wie in vielen anderen fernöstlichen Kulturen sind Geist, Seele, Weisheit, Intuition, Bewusstsein und Unterbewusstsein eng mit dem Herzen verbunden. Ist die moderne Wissenschaft also lediglich dabei, etwas wiederzuentdecken, was in alten Kulturen bereits vor Tausenden von Jahren als gesicherte Erkenntnis galt?

»Das Herz spielt eine weitaus bedeutendere Rolle, als wir jemals zu glauben wagten«, weiß Rollin McCraty nach Jahrzehnten der Forschung. Speziell die Pausen zwischen den einzelnen Herzschlägen sind von Bedeutung. »Es gibt einen direkten mathematischen Zusammenhang zwischen den Intervallen zwischen Herzschlägen und der Herzfrequenzvariabilität*, den Mustern und dem magnetischen Feld. Ganz einfach ausgedrückt ist es wie eine Pulsmodulation: Es geht um die Pausen dazwischen.«

Zu diesem Schluss kam bereits der in Wien geborene Neurowissenschaftler und Stanford-Professor Karl H. Pribram, der zusammen mit dem Quantenphysiker David Bohm das »holonome Gehirnmodell« entwickelt hat. Es besagt: Die Information, wie sich ein Neuron mit einem anderen austauscht, liegt in der Pulsfolge, dem Intervall. Unser Herz sendet laufend Informationen

---

* Die Fähigkeit, die Frequenz des Herzrhythmus zu verändern, also den Abstand zwischen zwei Herzschlägen

aus. McCraty: »Wenn sich Menschen gegenübersitzen, so sind ihre Herzen durch die elektromagnetischen Felder, die sie erzeugen, verbunden. Das ist wissenschaftlich messbar und kein New-Age-Nonsens.«[105]

Womit sich die Frage stellt: Welche Informationen tauschen unsere Herzen im Dialog miteinander aus? Geht es um Gefühle wie Liebe, Sympathie, Empathie? »Wir konnten biologische Effekte messen«, erläutert McCraty, »wenn ein Mensch sich im Magnetfeld eines anderen befindet. Es werden Informationen ausgetauscht, aber wir haben noch keine Erkenntnisse darüber, welcher Art diese sind.«

Für die meisten Menschen beinhaltet diese persönliche Erfahrung Gefühle und Emotionen, die jenseits des Bewusstseins liegen, wie Liebe oder Bewunderung. In diesem Bereich sind auch Charisma und persönliche Anziehungskraft angesiedelt. Um diese Gefühle nachzuweisen, haben wir noch keine wissenschaftlichen Messmethoden. Wir können uns dabei vorerst nur auf unser Bauchgefühl verlassen.

Unser Herz und sein Gedächtnis

Der amerikanische Neuropsychologe Paul Pearsall und die zwei Professoren an der University of Arizona Gary E. Schwartz und Linda G. Russek gingen der Frage nach, ob das Herz ein systemisches Gedächtnis hat wie dynamische Systeme mit wiederkehrenden Rückkoppelungsschleifen. Speichert das Herz Information? Wenn ja, in welchem Ausmaß? Hat diese Information einen Einfluss auf unser Leben – und in welcher Form?

Um dies zu testen, entwickelten sie ein Studiendesign, bei dem sie Patienten nach einer Herztransplantation beobachteten sowie etwaige Veränderungen dokumentierten und analysierten. Die Hypothese der drei Forscher war, dass sich bei sensiblen Transplantationspatienten persönliche Veränderungen, die mit der Vorgeschichte ihrer Spender übereinstimmten, nachweisen lassen müssten. Sie vermuteten, dass Organempfänger die Erinnerungen, Vorlieben, Verhaltensweisen und Gewohnheiten des jeweiligen Spenders teilweise übernehmen. Man kannte diese Phänomene von individuellen Fällen, doch ließen sie sich auch in einer wissenschaftlichen Untersuchung nachweisen?

Die drei Forscher führten Interviews mit Transplantationsempfängern, ihren Familienangehörigen, jenen des Transplantationsspenders und den jeweiligen Freunden dieser Gruppen. Zu den Patienten gehörten zehn Empfänger, die eine Herz- oder Herz-Lungen-Transplantation erhalten hatten. Zur Überraschung aller konnten sie in jedem einzelnen der zehn Fälle zumindest zwei bis fünf Parallelen zwischen Veränderungen des Empfängers nach der Operation und der individuellen Vorgeschichte der Spender dokumentieren. Dazu gehörten plötzliche Änderungen der Vorlieben in Bezug auf Freizeit, Musik, Kunst, Essen, Sexualität und Karriere der Empfänger, die mit jenen der Spender übereinstimmten, sowie Beispiele für die Wahrnehmung von sensorischen Erfahrungen.[106] Das Herz verändert demnach einen Menschen. Es ist weit mehr als nur ein funktioneller Muskel.

Wie Studien zeigten, scheint es übrigens ähnliche Effekte bei Stammzellentransplantationen zu geben.[107]

Als Christiaan Barnard 1967 das erste Herz transplantierte, war der medizinische Eingriff ein grandioser Erfolg. Barnard selbst wurde jedoch im Vorfeld der Operation massiv kritisiert. Die katholische Kirche wollte ihn sogar exkommunizieren. Menschen demonstrierten auf den Straßen, Wissenschaftler attackierten ihn in den Medien, man nannte ihn einen Frevler und fand noch weniger schmeichelhafte Worte für den groß gewachsenen, schlanken Südafrikaner mit den zarten Händen, die man bei Pianisten vermuten würde. Denn das Herz galt für viele als Sitz der Seele.

Für den Einzelnen ist die Herztransplantation ein Segen – und Barnards Pionierleistung bis heute ein grandioser Erfolg. Man schätzt, dass gegenwärtig rund 120 000 Menschen ein neues Herz verpflanzt bekommen haben. Das Universitätsspital Zürich hat dabei eine 20-Jahres-Überlebensrate von sagenhaften 55,6 Prozent.[108]

Ein globales Informationsfeld

Das Herz hat aber eine noch größere Bedeutung, wenn es um die globale Verbindung von Menschen geht. Das HeartMath Institute hat dazu folgende Hypothese: Wenn viele Menschen in einem Zustand der Verbundenheit sind – es nennt diesen Zustand herzkohärent – und eine gemeinsame Absicht bzw. Intention haben, dann können sie diese Information durch das geomagnetische Feld der Erde, das wie eine Trägerwelle funktioniert, teilen.

Diese Hypothese ist der unseren sehr ähnlich, denn wir gehen von einem globalen Bewusstseinsfeld aus. »Wenn wir davon überzeugt sind, dass nicht nur externe Felder kosmischen Ursprungs, sondern ebenso die menschliche Aufmerksamkeit und Emotion direkt die physische Welt und das Bewusstsein sowie die mentalen und emotionalen Zustände anderer beeinflussen, so erweitert sich unsere Sicht und unser Verständnis, was eine globale Verbindung bedeutet und wie wir sie bewusst nutzen können, um die Zukunft der Welt, in der wir leben, zu gestalten«[109], so Rollin McCraty, Annette Deyhle und Doc Childre.

Deshalb hat das HeartMath Institute die Global Coherence Initiative (GCI) gestartet, ein Projekt, das sich mit kollektivem Bewusstsein, aber auch der Rolle des Herzens beschäftigt. Das Global Consciousness Project kooperiert mit der GCI, da uns ähnliche Ziele verbinden. Auch die GCI geht von der Theorie aus, dass es ein globales Informationsfeld gibt, das alle lebenden Systeme und das Bewusstsein verbindet.

Das Erdmagnetfeld scheint, so die Forschung der GCI, dabei eine wesentliche Rolle zu spielen.[110] Es dürften solare wie auch geomagnetische Aktivitäten einen Einfluss auf das kollektive Verhalten der Menschen und ihr Bewusstsein haben; Störungen derselben könnten sich auf die Gesundheit auswirken. Während wir Zufallszahlengeneratoren rund um den Erdball verteilt haben, die durchgehend Messdaten nach Princeton schicken, hat die GCI in verschiedenen Teilen der Welt ein Netzwerk von 14 ultrasensitiven Magnetfelddetektoren zur Messung der Erdmagnetresonanzen installiert.

Das HeartMath Institute finalisiert gerade eine Studie, an der 1600 Mitglieder der GCI teilnahmen und bei der eine Reihe signifikanter Auswirkungen der solaren und geomagnetischen Aktivität auf die mentalen Funktionen und emotionalen Zustände von Menschen festgestellt werden konnten.[111] Rollin McCraty und sein Team gehen davon aus, dass die wahrscheinlichste Erklärung, warum derartige Einflüsse auf den Menschen wirken, eine Kopplung bzw. Interaktion mit schwingenden geomagnetischen Frequenzen ist, den sogenannten Schumann-Resonanzen.

Dabei handelt es sich um folgendes Phänomen: Elektromagnetische Wellen mit bestimmten Frequenzen bilden entlang des Erdumfangs stehende Wellen. Schumann-Resonanzen sind extrem niederfrequente Resonanzen des elektromagnetischen Feldes zwischen der Erdoberfläche und der Ionosphäre. Was dazwischenliegt, wird Hohlraumresonator genannt. Hier kann sich die stehende Welle bilden. Diese resonanten Frequenzen überlagern sich mit jenen des menschlichen Gehirns. Wenn alle lebenden Systeme miteinander verbunden sind, sollten sie über biologische, elektromagnetische und nichtlokale Felder miteinander kommunizieren können.

Auch drei neue Studien des HeartMath Institute werden gerade finalisiert, bei der die Teilnehmergruppen über längere Zeiträume Herzfrequenzvariabilitätsrekorder (HRV) trugen. Mit der ersten Studie soll belegt werden, wie unterschiedliche Aspekte der Magnetfeldumgebung von Sonne und Erde verschiedene Effekte verursachen und wie sich diese über ungleiche Zeiträume ändern können.

Trotz Hunderter Meilen Distanz synchronisierte sich der Herzrhythmus

Noch brisanter sind die Ergebnisse der zweiten Studie. Dabei wurde untersucht, wie sich die Magnetfeldumgebung von Sonne und Erde auf unser Nervensystem auswirkt. Es zeigt sich, dass sich der Herzrhythmus der Teilnehmer mit dem anderer synchronisierte, selbst in einigen Fällen, in denen sie eine große Distanz trennte. Waren die Teilnehmer mit einem externen Signal in der Erdmagnetfeldumgebung synchronisiert?

Die dritte Studie, die Global HRV Synchronization Study, wurde durchgeführt, um die Ergebnisse der zweiten zu bestätigen und zu erweitern. Sie brachte zutage, dass die Herzrhythmen der Teilnehmer nicht nur untereinander, sondern auch mit der Erdmagnetfeldumgebung synchronisiert werden konnten. Die Studie umfasste Teilnehmergruppen an fünf Standorten der Welt: in Saudi-Arabien, Litauen, Neuseeland, England und den USA, wobei jede Gruppe in der Nähe eines der Sensorstandorte des Global Coherence Monitoring System war. Sie bestätigte, dass die Synchronisation zwischen Teilnehmern und der Erde auf einem globalen Level stattfindet.

Die »Heart Lock-In«-Technik

Das HeartMath Institute hat eine eigene Technik entwickelt, die jeder erlernen kann. Sie konzentriert sich auf den Aufbau der Fähigkeit, positive Emotionen des Herzens aufrechtzuerhalten. Die Technik wird im Allgemeinen jeweils 5 bis 15 Minuten lang praktiziert, es sind aber auch längere Sitzungen möglich. Sie besteht aus drei einfachen Schritten.

 Die drei Schritte der »Heart Lock-In«-Technik

1. Konzentrieren Sie Ihre Aufmerksamkeit auf den Bereich des Herzens. Stellen Sie sich vor, Ihr Atem fließt in Ihr Herz hinein und aus ihm heraus. Atmen Sie etwas langsamer und tiefer als gewöhnlich.
2. Aktivieren Sie ein Gefühl der Wertschätzung, Fürsorge und des Mitgefühls. Fokussieren Sie sich darauf wie bei einer Meditation.
3. Strahlen Sie dieses Gefühl für sich und andere aus. Die Anwendung dieser Technik geht in der Regel mit Emotionen der Ruhe, Harmonie und inneren Wärme einher und ist häufig

ein wirksames Mittel, um angesammelten Stress und negative Gefühle abzubauen.[112]

In einer eigenen Studie wies das HeartMath Institute nach, dass die »Heart Lock-In«-Technik einen starken Einfluss auf die Beziehung zwischen kardialer und geomagnetischer Aktivität hat.[113] Geomagnetische Feldlinienresonanzen und die Schumann-Resonanzen erzeugen einen Bereich von Resonanzfrequenzen, die direkt über jenen des menschlichen Gehirns, des autonomen Nervensystems und des Herz-Kreislauf-Systems liegen. Von allen untersuchten physiologischen Systemen sind die von Gehirn und Herz erzeugten Rhythmen am stärksten von Änderungen der geomagnetischen Bedingungen betroffen.[114] Zahlreiche physiologische Rhythmen werden von der solaren und geomagnetischen Aktivität beeinflusst und scheinen mit dieser synchronisiert werden zu können.[115]

Mehrere neuere Studien, die die Herzfrequenzvariabilität über längere Zeiträume überwachten, konnten zeigen: Die Aktivität des autonomen Nervensystems kann in überraschendem Maße mit Änderungen der Amplitude von Resonanzfrequenzen synchronisiert werden, die durch geomagnetische Feldlinienresonanzen, Alfvén-Wellen (niederfrequente Wellen, für die die Gesetze der Magnetohydrodynamik gelten) und die Schumann-Resonanzen erzeugt werden.[116]

Rollin McCraty und sein Team kommen daher zu einem klaren Schluss: Die Ergebnisse der Studie belegen, dass die angewandte »Heart Lock-In«-Meditationstechnik einen positiven Einfluss auf die Synchronisation zwischen der Variabilität der menschlichen Herzfrequenz und dem Erdmagnetfeld hat. Sie konnten nachweisen, dass Techniken wie diese nicht nur psychologisch zur Aufrechterhaltung positiver Emotionen, sondern auch physiologisch wertvoll sind, da eine hohe Synchronisation zwischen Herzfrequenzvariabilität und geomagnetischer Aktivität anscheinend mit besserer Gesundheit assoziiert ist.

Intuition als Welt-Kraft

Wenn das Herzmagnetfeld tatsächlich mit dem Magnetfeld der Erde gekoppelt ist, wäre dies eine plausible Erklärung für Intuition. Dann wäre das Herz jenes Organ, das dafür verantwortlich ist. »Es koppelt Menschen und ihre Emotionen auch über große Distanzen«, so McCraty.

Warum sind bestimmte Personen intuitiver als andere? Werden wir intuitiv geboren, oder können bzw. müssen wir diese Fähigkeit erst lernen?

Intuition nimmt die Welt losgelöst von der Vernunft wahr: schnell, scheinbar automatisiert, assoziativ, ohne den Einfluss von absichtlichem, rationalem Denken. Intuition ist eine Welt-Kraft, eine jener außergewöhnlichen Fähigkeiten, über die wir Menschen verfügen – wenn wir sie zulassen.

Es gibt verschiedene Erklärungsmodelle für Intuition: Eines ist die energetische Empfindlichkeit, die sich auf die Fähigkeit bezieht, Signale wie elektromagnetische Felder zu erkennen und darauf zu reagieren. Sowohl der Mensch als auch Tiere werden durch geomagnetische Aktivität beeinflusst. Es scheint generell für Lebewesen Vorteile zu haben, das Magnetfeld der Erde spüren zu können. Diese Fähigkeit ist im gesamten Tierreich zu finden, sogar bei Arten, wo man sie niemals vermuten würde.[117]

Tiere und ihre Fähigkeit, das Magnetfeld der Erde zu nutzen

Die *Pachycondyla marginata* ist eine Ameise, in deren Antennen eine Forschergruppe rund um den Brasilianer Jandira Ferreira de Oliveira, der den Biomagnetismus und magnetische Orientierung bei sozialen Insekten erforscht, und den deutschen Biologen Michael Winklhofer von der Carl von Ossietzky Universität Oldenburg, Magnetitkristalle fand. Diese magnetischen Partikel waren in der Nähe jenes Organs zu finden, mit dem die Ameisen Luftbewegungen wahrnehmen können. Ihre Antennen dienen nicht nur dem Tasten, Schmecken und Riechen, sondern haben darüber hinaus die Funktion, die Nord-Süd-Achse des Erdmagnetfelds zu erkennen.[118]

Patrick Anthony Guerra von der University of Cincinnati fand eine spektakuläre Navigationsfähigkeit beim Monarchfalter, der jedes Jahr Tausende Kilometer zurücklegt. Die Forschergruppe identifizierte eine Art Neigungsmagnetkompass bei diesem Schmetterling, mit dem er seinen Flug von Amerika äquatorwärts Richtung Mexiko im Herbst lenken kann. Die lichtsensiblen Magnetsensoren in seinen Antennen sind wichtig für den Neigungskompass, da sie ihm aufgrund des Neigungswinkels der Erdmagnetfeldlinien ermöglichen festzustellen, wo auf seinem Flug er sich gerade befindet.

Für wandernde Monarchen ist der Kompass ein wichtiger Orientierungsmechanismus, wenn keine gerichteten Tageslichthinweise verfügbar sind. Für die Arbeit simulierten die Forscher übrigens das Erdmagnetfeld in einer Laborsituation. Wie gewohnt flog der Monarch in Richtung Süden. Simulierten die Wissenschaftler jedoch einen Tausch der Himmelsrichtungen, flogen die Tiere plötzlich in die entgegengesetzte Richtung.[119]

Von Fischarten wie dem Lachs ist bekannt, dass sie sich am Erdmagnetfeld orientieren. Aber dass dies auch beim Karpfen der Fall ist, wurde nur durch Zufall von Hynek Burda von der Universität Duisburg-Essen entdeckt. Karpfen, die auf tschechischen Weihnachtsmärkten lebend verkauft werden, bevorzugen in ihren runden Behältern eine nordsüdliche Orientierung. Da kein anderer Grund für diese Tendenz erkennbar ist, vermuten die Wissenschaftler, dass sich Karpfen wie auch andere Fischarten nach dem Erdmagnetfeld ausrichten. Wozu ein Flussfisch wie der Karpfen diese Fähigkeit jedoch benötigt, ist noch völlig unklar.[120]

Burda schätzt, dass die Kompassorientierung auch bei Säugetieren offensichtlich deutlich weiter verbreitet ist, als bisher vermutet wurde. So konnte seine Forschergruppe feststellen, dass selbst Füchse kleine Beutetiere fangen können, wenn sie diese nicht sehen. Der typische Jagdsprung des Fuchses, der von oben erfolgt, dürfte vom Anflugkurs abhängen: In Nordrichtung ausgeführte Attacken seien deutlich erfolgreicher, zeigte die Beobachtung von 84 Rotfüchsen über einen Zeitraum von zweieinhalb Jahren. Es sei daher anzunehmen, dass springende Füchse auf eine bisher nicht nachvollziehbare Weise sich am Erdmagnetfeld ausrichten, um den ursprünglich nach dem Gehör eingeleiteten Absprung beim Niedergehen auf das Beutetier zu präzisieren.

Auch Fledermäuse, Bienen, Tauben, Schildkröten, Wale und sogar Kakerlaken nutzen das Erdmagnetfeld.

Warum sollte der Mensch nicht auch solche Fähigkeiten besitzen – und nutzen?

Der geomagnetische Sinn des Menschen

Experimentelle Beweise für einen menschlichen geomagnetischen Sinn lieferte eine bahnbrechende Studie unter Leitung des Geowissenschaftlers Joseph Kirschvink, des Neurowissenschaftlers Shin Shimojo, Gertrude-Baltimore-Professor für Experimentelle Psychologie und Fakultätsmitglied des Tianqiao and Chrissy Chen Institute for Neuroscience am kalifornischen Caltech, sowie des Neuroingenieurs Ayu Matani von der Universität Tokio.[121] Sie belegt, dass menschliche Gehirnwellen auf kontrollierte Änderungen des Magnetfeldes der Erde reagieren. Kirschvink und Shimojo sagen, dies sei der erste konkrete Beweis für einen neuen menschlichen Sinn: die Magnetrezeption. »Aristoteles beschrieb die fünf grundlegenden Sinne als Sehen, Hören, Schmecken, Riechen und Berühren«, erklärt Kirschvink. »Er berücksichtigte jedoch nicht die Schwerkraft, die Temperatur, den Schmerz, das Gleichgewicht und einige andere innere Reize, von denen wir jetzt wissen, dass sie Teil des menschlichen Nervensystems sind.«[122] Er geht davon aus, dass noch viele weitere »Sinne« des Menschen entdeckt werden könnten.

Um festzustellen, ob Menschen Magnetfelder wahrnehmen können, bauten die Wissenschaftler eine isolierte, hochfrequenzgeschützte Kammer und ließen die Teilnehmer eine Stunde lang in Stille und völliger Dunkelheit darin sitzen. Während dieser Zeit verlagerten sie unbemerkt das Magnetfeld um die Kammer und maßen die Gehirnwellen der insgesamt 34 Teilnehmer über ein EEG mit Elektroden, die am Kopf an 64 Stellen angebracht waren. Es passierte augenscheinlich eine Stunde lang nichts, außer dass sie im Dunkeln saßen. Bei vielen Teilnehmern korrelierten Änderungen ihrer Gehirnwellen jedoch mit Änderungen des Magnetfelds um sie herum. Insbesondere verfolgten die Forscher den

Alpha-Rhythmus im Gehirn, der zwischen 8 und 13 Hertz auftritt und ein Maß dafür ist, ob das Gehirn beschäftigt ist oder sich im Ruhemodus befindet. Wenn ein menschliches Gehirn nicht aktiviert ist, ist die Alpha-Leistung hoch. Wenn etwas bewusst oder unbewusst seine Aufmerksamkeit erregt, sinkt sie.

Die Experimente zeigten, dass bei einigen Teilnehmern die Amplitude der Alpha-Leistung unmittelbar nach der Magnetstimulation von den Grundlinienwerten abfiel, über mehrere Hundert Millisekunden um bis zu 60 Prozent abnahm und sich einige Sekunden nach dem Stimulus wieder auf die Grundlinie erholte. Man nennt das eine Alpha-Ereignis-bezogene Desynchronisation. »Dies ist eine klassische, gut untersuchte Gehirnwellenreaktion auf eine sensorische Eingabe«[123], weiß Shimojo.

Die Studie belegte außerdem, dass das Gehirn anscheinend magnetische Informationen aktiv verarbeitet und Signale zurückweist, die nicht »natürlich« sind. War die vertikale Komponente des Magnetfelds während der Experimente nach oben gerichtet, gab es keine entsprechenden Änderungen der Gehirnwellen. Da das Magnetfeld normalerweise auf der Nordhalbkugel nach unten zeigt, scheint das Gehirn Signale zu ignorieren, die offensichtlich falsch sind. Dies deutet auf eine biologische Reaktion hin, die auf die Ökologie der lokalen menschlichen Bevölkerung abgestimmt ist, also die realen Lebensbedingungen. Dies würde auch folgendes Phänomen erklären: Manche Menschen scheinen spüren zu können, wenn ein Erdbeben bevorsteht.

Ein weiteres Erklärungsmodell geht von einer nichtlokalen Intuition aus, die nicht durch vergangenes Wissen oder durch das Erfassen von Signalen gedeutet werden kann. Es deutet vieles darauf hin, dass dies eine Eigenschaft aller lebenden Organismen zu sein scheint, die möglicherweise auf eine inhärente Vernetzung des gesamten Universums zurückzuführen ist.

Sie kennen das Gefühl, dass mit Ihrem Kind etwas nicht stimmt, obwohl es gerade in der Schule ist? Oder wenn Sie eine Geschäftsentscheidung treffen entgegen allen Fakten und der Vernunft?

Es gibt überzeugende Beweise dafür, dass das physische Herz an ein Informationsfeld gekoppelt ist, das nicht an die klassischen Grenzen von Zeit und Raum gebunden ist. In einer Studie hat das HeartMath Institute festgestellt, dass das Herz intuitive Informationen zu empfangen und darauf zu reagieren scheint. Diese Prästimulus-Informationen scheinen vom Herzen an das Gehirn übermittelt zu werden – nicht umgekehrt.

Es trat im Experiment eine signifikant größere Herzfrequenzverzögerung vor zukünftigen emotionalen Reizen auf. Zudem gab es signifikante geschlechtsspezifische Unterschiede bei der Verarbeitung solcher Informationen und Hinweise darauf, dass Frauen besser intuitive Informationen des Herzens wahrnehmen. Das Herz ist somit vermutlich an der Verarbeitung und Decodierung intuitiver Informationen beteiligt.[124] Sobald die Prästimulus-Informationen in den psychophysiologischen Systemen empfangen wurden, scheinen sie auf die gleiche Weise wie herkömmliche sensorische Eingaben verarbeitet zu werden.

Es ist demnach wahrscheinlich, dass das Herz eine vielfältige Rolle in unserer Existenz spielt, und zwar nicht nur jene, als Muskel den Takt unseres Lebens vorzugeben. Auf Basis dieser wissenschaftlichen Studien lassen sich folgende Schlüsse ziehen, die unser Herz in einem gänzlich neuen Licht darstellen:

• Das Herz erzeugt ein elektromagnetisches Feld, das sich messen lässt. Dieses Feld interagiert mit dem elektromagnetischen Feld anderer Herzen und kann offensichtlich dabei Informationen austauschen.

* Es agiert wie eine Art zweites Gehirn in unserem Körper. Es ist ein Sinnesorgan und hoch entwickeltes Zentrum der Informationscodierung und -verarbeitung.

* Befindet sich eine große Anzahl von Menschen mit einer gemeinsamen Intention in einem herzkohärenten Zustand der Verbundenheit, so lässt sich diese Absicht durch das geomagnetische Feld der Erde, das wie eine Trägerwelle funktioniert, teilen.

* Das menschliche Herz selbst hat – wie viele Wirbeltiere und einige wirbellose Tiere – anscheinend einen geomagnetischen Sinn.

* Es scheint für die Intuition des Menschen verantwortlich zu sein.

Dies alles belegt, dass das Herz eine Welt-Kraft ist, die wir nutzen können. Die »Heart Lock-In«-Technik ist eine mögliche Methode dazu.

Das Herz hat aber jenseits seiner unglaublichen Fähigkeiten und seiner Funktionalität auch eine ganz eigene Symbolik für unser Leben. Es steht für Liebe und Verbundenheit, für Empathie und Mitgefühl, für Nähe und Einssein.

Die globale Pandemie hat unser Leben verändert, Werte verschoben und Verbundenheit auf eine andere Ebene verlagert. Doch sie ist auch eine Chance: von einem Paradigma des Wettbewerbs zu einem der Zusammenarbeit zu wechseln. Etwas, was uns nur mit der Kraft des Herzens gelingen wird.

11

Das Genie in uns

Die Verbindung zu einem größeren Ganzen

Es war an einem späten Nachmittag, die Sonne stand kurz vor ihrem Untergang. Der junge Herr mit Schnurrbart und gescheiteltem Haar, gerade einmal 26 Jahre alt, spazierte mit seinem alten Freund Anthony Szigety durch den Városliget, den ältesten Stadtpark Europas inmitten der ungarischen Hauptstadt Budapest.

Vor ihnen lag der Zoologisch-Botanische Garten, zu dessen Attraktionen eine Giraffendame aus dem Wiener Zoo gehörte, ein Geschenk von Kaiserin Elisabeth von Österreich an die Untertanen. Er rezitierte Goethes *Abendsonne* aus *Faust*: »Sie rückt und weicht, der Tag ist überlebt. Dort eilt sie hin und fördert neues Leben. Oh! Dass kein Flügel mich vom Boden hebt, Ihr nach und immer nach zu streben.«[125]

»In diesem Alter kannte ich ganze Bücher auswendig«, wird er sich später an diesen ganz speziellen Moment erinnern. »Wort für Wort.«[126]

Es war ein guter Tag für ihn. Er kämpfte schon länger gegen eine geistige und körperliche Erschöpfung an – heute würden wir wohl Burn-out dazu sagen. Seine Kräfte schienen immer mehr zu schwinden. Ein Nervenzusammenbruch war der letzte Akt im offensichtlichen Drama seines jungen Lebens. Nun stand

er da, im grauen Anzug mit seinen kleinen geometrischen Formen, die Krawatte fest gebunden unter der gut sitzenden Weste,
und sah in die Abendsonne.

Die Lösung für ein Problem, das ihm seit Monaten den Schlaf
raubte, schien ihm einfach nicht in den Sinn kommen zu wollen.
Wie vermag man aus rotierenden Magnetfeldern Strom zu erzeugen? Seit geraumer Zeit zerbrach sich der junge Physiker tag-
aus, tagein darüber den Kopf. Er schien der Lösung nahe, doch
die zündende Idee, der alles entscheidende Gedanke blieb aus.

Nikola Teslas Erleuchtung

Bis zu jenem Nachmittag des Jahres 1882 im Park von Budapest, als er Goethe rezitierte und es ihn wie ein Blitz traf. »In
einem Augenblick wurde mir die Wahrheit enthüllt«[127], schilderte Nikola Tesla den Moment seiner Erleuchtung. Er zeich-
nete mit einem Stock die Diagramme in den Sand, die er sechs
Jahre später in seiner Ansprache vor dem American Institute
of Electrical Engineers präsentierte.[128] Es muss ein überwälti-
gender Moment gewesen sein, an den sich Tesla später detail-
reich erinnern sollte: »Pygmalion, der seine Statue zum Leben
erweckt hat, hätte nicht tiefer bewegt werden können. Tausend
Geheimnisse der Natur, auf die ich versehentlich gestoßen sein
könnte, hätte ich für das gegeben.«[129]

Elon Musk mag ein Genie sein. Ein Mensch, der weder von
Elektromobilität noch von der Raumfahrt anfangs irgendeine
Ahnung hatte, wurde zum größten Visionär und Pionier unserer
Zeit. Er hat unsere globale Mobilität ebenso radikal verändert
wie die Raumfahrt. Doch wenn wir heute in einem fünf Meter
langen Tesla Model X sitzen und durch Druck auf das Gaspedal

mittels einer 750 Kilogramm schweren Batterie in 2,9 Sekunden auf 100 Kilometer pro Stunde beschleunigen, dann verdanken wir die Grundlagen wie die Entwicklung des Wechselstroms den Pionierleistungen Nikola Teslas. Nach dessen Namen wurde Musks disruptives Unternehmen mit Sitz in Palo Alto benannt.

Nikola Tesla, im kleinen Ort Smiljan im heutigen Kroatien geboren, war Physiker und Erfinder, der weltweit 700 Patente anmeldete. Diese »Erleuchtung«, wie er es zeitlebens nannte, war nicht die einzige in seinem Leben. Immer wieder sah er bereits als Kind grelle Lichtblitze. »In einigen Fällen war die gesamte Luft um mich herum mit lebendigen, flammenden Zungen erfüllt«[130], erinnert sich Tesla später in seiner Autobiografie. Oft gingen diese Erscheinungen mit inneren Bildern einher. Er sah plötzlich Räume oder Gegenstände vor seinem geistigen Auge, die so eindeutig und real erschienen, dass er Traum und Wirklichkeit kaum auseinanderhalten konnte. Im Lauf seines Lebens lernte er, diese visuellen Eingebungen zu kontrollieren.[131]

Nikola Tesla ist kein Einzelfall. Einige der größten Erfinder und Genies beschreiben plötzliche Eingebungen, Geistesblitze und religiöse Offenbarungen als Ursache dafür, dass sie von einem Moment auf den anderen die Welt verändern konnten.

Dies ist umso unerklärlicher, als der Mensch seit Jahrhunderten einen streng intellektuellen und materialistischen Ansatz verfolgt, um die Welt zu erforschen. Aus dieser rein wissenschaftlichen Perspektive sind solche unerklärlichen Phänomene wie Erleuchtung bestenfalls Täuschung, Kreativität ist nicht mehr als das Ergebnis von Genetik. Doch die Geschichte solcher Genies beweist, dass es einen Aspekt des Bewusstseins gibt, der durch eine materialistische Weltanschauung nicht erklärt werden kann, aber trotzdem existiert. Er scheint nichtlokal und nicht durch die Raumzeit begrenzt zu sein.

Bewusstseinsforscher Stephan A. Schwartz von der Saybrook University erklärt uns: »Religiöse Offenbarung, kreative Durchbrüche und parapsychologische Phänomene sind tatsächlich unterschiedliche Manifestationen ein und desselben Prozesses und ermöglichen, dass der nichtlokale Aspekt des Bewusstseins ins Bewusstsein tritt.«

Hier treffen zwei Weltanschauungen aufeinander. Die rein materialistische Weltsicht geht davon aus, dass Geist und Bewusstsein ausschließlich das Ergebnis physiologischer Prozesse sind. Das Bewusstsein ist Teil des Raum-Zeit-Kontinuums. Jede Form des Austausches, der Kommunikation ist nur über die körperlichen Sinne möglich.

Aus der Sicht eines existenten kollektiven Bewusstseins, das uns alle verbindet, stellen wir dieses Modell infrage. Unsere Forschung am PEAR Lab der Princeton University und mit dem Global Consciousness Project hat gezeigt, dass nur bestimmte Aspekte des Geistes das Ergebnis physiologischer Prozesse sein können. Bewusstsein ist fundamental und die physische Realität seine Manifestation. Einige Aspekte des Bewusstseins sind nicht durch das Raum-Zeit-Kontinuum begrenzt.

Genie hat nichts mit Intelligenz zu tun

Wir müssen beginnen, Genie losgelöst von Intelligenz zu betrachten. Die traditionelle Assoziation von Genie und hohem Intelligenzquotienten (IQ) ist schlichtweg falsch. Bewusstseinsforscher Schwartz beleuchtet dies sehr plausibel in seiner Arbeit über Genie und religiöse Erleuchtung.[132]

Ein bedeutender Teil der epochalen Entwicklungen der Geschichte wurde von Männern und Frauen geprägt, die nichtlokale außergewöhnliche Erfahrungen gemacht haben. Wir bezweifeln nicht, dass Genies oft sehr klug sind und hohe Intelligenz ein wichtiges Werkzeug sein kann. Aber die Verbindung von kreativem Genie und hohem IQ ist bei Weitem nicht so stark ausgeprägt, wie viele zu glauben scheinen.

So war der amerikanische Physiker und Nobelpreisträger Richard P. Feynman, dem wir das Verständnis der Quantenfeldtheorie verdanken, extrem überrascht, als er ohne Erlaubnis im Direktionsbüro seines Colleges in seinen Akten nachsah und feststellen musste, dass er »nur« einen IQ von 124 hatte.[133] Wäre der IQ der einzige Faktor für Genie, hätte Feynman nie seine bahnbrechenden Arbeiten wie jene über die Quantenelektrodynamik verfassen können, die die Physik bis heute prägen.

Wäre der IQ jenes Attribut, das Genie definiert, müsste es eine direkte Korrelation zwischen dem in der Bevölkerung verteilten IQ und dem Auftreten von Genies geben. Vereinfacht gesagt: Je mehr Menschen mit hohem IQ leben, desto mehr Genies müssten existieren.

Der amerikanische Physiker Paul MacCready berechnete die Prävalenz von Personen mit hohem IQ. Seine Grundannahme: Intelligenz ist weltweit gleichmäßig verteilt, jede Nation weist das gleiche Verhältnis von überdurchschnittlich, durchschnittlich und unterdurchschnittlich intelligenten Menschen auf. Nun ließe sich natürlich argumentieren, dass sich der Bildungsgrad unterscheidet, je nachdem ob man in einem Entwicklungsland oder einer Industrienation zur Schule und/oder Universität geht. Das ist sicher richtig, für diese Berechnung jedoch nicht von Bedeutung.

Wo sind die 10,2 Millionen Genies?

Der durchschnittliche IQ liegt weltweit bei 100. Unter der Annahme, dass ein Genie außerordentlich intelligent sein muss, definierte MacCready Genies als Personen mit einem IQ von 145 und darüber (seine konkrete Berechnung war »drei Standardabweichungen über dem Durchschnitt«, wobei in diesem Fall eine Standardabweichung 15 ist). Dies entspricht 0,13 Prozent der Menschheit. MacCready betonte, dies sei eine so seltene Untergruppe, dass die meisten Menschen auf dem Planeten wahrscheinlich nie jemanden mit einem derart hohen IQ persönlich kennenlernen würden.

Bei einer Weltbevölkerung von etwa 7,85 Milliarden Menschen[134] bedeutet dies aber trotzdem, dass es 10,2 Millionen Genies auf der Erde geben müsste, wenn allein ein IQ über 145 der erforderliche Parameter für die Definition wäre. Wenn man bedenkt, dass täglich im Schnitt 225 000 Menschen[135] weltweit geboren werden, müssten jeden Tag 275 »Genies« mit einem IQ von 145 oder mehr hinzukommen.

Existieren tatsächlich 10 Millionen Genies auf dieser Welt? Genies, die wir auch wirklich für solche halten? Wohl nicht. Realistisch können wir trotz intensiver Bemühungen vielleicht ein Dutzend lebende Genies und ein wenig mehr verstorbene nennen.

Mensa International ist ein Dachverband von Vereinen, die Menschen mit einem hohen IQ als Mitglieder zählen. Die Organisation hat weltweit über 145 000 Mitglieder in mehr als 100 Ländern der Welt. Das einzige Kriterium für eine Aufnahme ist, dass Sie zu den 2 Prozent der Bevölkerung mit dem höchsten IQ gehören (Schwelle: IQ von 132). Ohne Intelligenztest – keine Mitgliedschaft. In Deutschland gibt es über 14 500 Mitglieder, in

Österreich knapp über 1000 und in der Schweiz mehr als 1600. Die USA führen das Ranking mit über 50 000 Mitgliedern an. Schlusslichter sind Kolumbien, Peru und Nordmazedonien mit gerade einmal etwas mehr als 100 Mitgliedern, gleichauf mit Luxemburg. Bedenkt man, dass Kolumbien 49,6 Millionen Einwohner hat und Luxemburg gerade mal 613 000, versteht man, dass die Verteilung eher mit sozialökonomischen Faktoren zu tun hat als mit tatsächlicher Intelligenzdistribution.

Die globalen Zahlen würden jedoch bedeuten, dass die führenden Genies unserer Zeit Mensa-Mitglieder sind. Dies ist aber nicht der Fall. Scott Adams ist ein Comiczeichner aus den USA, bekannt durch seinen Comicstrip *Dilbert*, Michaela Karsten eine tschechische Gedächtnissportlerin, Gary Bushell ein englischer Journalist, Asia Carrera eine ehemalige Pornodarstellerin. Bobby Czyz war Boxer, Kara Hayward ist Schauspielerin, deren bekannteste Rolle in Wes Andersons Film *Moonrise Kingdom* war. Matthias Kribben ist ein deutscher Fernschach-Großmeister, Scott Levy ein amerikanischer Wrestler und Chesley »Sully« Sullenberger jener Pilot, der 2009 einen Airbus A320 auf dem Hudson River in New York notlandete.[136]

Verstehen Sie uns nicht falsch: Diese und viele andere Mensa-Mitglieder können großartige, hochintelligente, begabte, empathische, freundliche und einzigartige Menschen sein – aber sie sind trotzdem keine Genies. Zumindest nicht entsprechend dem allgemeinen Verständnis. Sie haben normale Berufe, leben in der Regel ein anonymes Leben und fallen nicht weiter auf. Sie sind aber der Beweis, dass Intelligenz als wesentlicher (oder sogar einziger) Faktor für Genie nicht taugt.

Ob Descartes oder Salk: Die weltverändernde Eingebung kam vielen Genies im Traum

Genies, das sind Einstein, Mozart, Newton, Tesla, Marie Curie, Beethoven, Picasso, Hypatia, da Vinci. Viele von ihnen beschreiben einen Moment der Erleuchtung, den sie hatten. Ihre Bedeutung ergibt sich jedoch erst durch die kollektive Anerkennung ihrer außergewöhnlichen Leistung.

»Jean-Victor Poncelet sagte, als er über die Straße ging, hatte er auf einmal eine Vision, die jene mathematischen Probleme löste, an denen er jahrelang gearbeitet hatte«, bringt Bewusstseinsforscher Schwartz ein Beispiel. Und schildert eine persönliche Begegnung mit dem Immunologen Jonas Salk. Auf die Frage, wie dieser auf die Idee für den Polioimpfstoff gegen Kinderlähmung gekommen sei, antwortete er: »In einem Traum.«

Johannes Brahms hat seine Erleuchtungen selbst beschrieben, den – wie er es nannte – erhabenen Zustand seines Bewusstseins beim Komponieren: »Dann fühle ich mich in der Lage, mich von oben inspirieren zu lassen, wie es Beethoven getan hat. [...] Sofort fließen die Ideen in mich ein.«[137] Er fügte hinzu, dass er nicht nur unterschiedliche musikalische Themen vor dem geistigen Auge sehe, sondern diese auch in die richtigen Formen, Harmonien und Orchestrierungen gekleidet seien.[138]

In einer kalten Herbstnacht vom 10. auf den 11. November 1619 hatte der französische Mathematiker und Philosoph René Descartes, damals 23 Jahre alt, drei Träume. Durch sie nahm eine geistige Revolution ihren Anfang, und aus ihnen entstand der erste Grundsatz seines Werkes *Meditationes de prima philosophia*: Cogito ergo sum – ich denke, also bin ich. Descartes, der im Dienste der Armee Bayerns stand, soll sich »seit ein paar Tagen in einem Zustand des Enthusiasmus, der sein Gehirn erhitzte«[139], befunden haben, wie sein Biograf Adrien Baillet später beschreiben wird.

Der Geist, der, wie Descartes überzeugt war, für diesen plötzlichen Enthusiasmus verantwortlich war, hatte ihm gleichsam angekündigt, er würde einen bedeutsamen Traum haben. Nach der Nacht der Träume betete Descartes, so Baillet, dass Gott ihn erleuchten und bei der Suche nach der Wahrheit geleiten möge. Er rief die Heilige Jungfrau an und gelobte, auf einer Reise nach Italien, die er wenig später machen wollte, sogar zu Fuß von Venedig zur Madonna von Loreto zu pilgern. Er sollte das Gelübde der Pilgerreise nie erfüllen. Sein Werk jedoch veränderte die Sicht der Welt.

Auch Wolfgang Amadeus Mozart scheint vergleichbare Erfahrungen gemacht zu haben. Denn viele Originalpartituren und Seiten seiner Kompositionen sind so frei von Änderungen, dass sie fast wie fertige Transkriptionen aussehen.

Noch eindrucksvoller angesichts seiner Herkunft ist das Werk des indischen Mathematikers Srinivasa Ramanujan, der zur Zeit der britischen Herrschaft in Indien lebte. Er hatte praktisch keine Ausbildung in Mathematik, leistete jedoch bedeutende Beiträge zur Zahlentheorie, zu unendlichen Reihen und fortgesetzten Brüchen. Er löste mathematische Probleme, die zu seiner Zeit als unlösbar galten. Nicht einmal die größten Mathematiker seiner Generation verstanden anfangs seine Ansätze. Erst der britische Mathematiker Godfrey Harold Hardy, zu dem er Kontakt aufnahm und der ihn nach Cambridge holte, erkannte sofort das Genie des jungen Inders, der Theoreme hervorbrachte, die den Briten »sprachlos machten«.

Ramanujan, der nur 33 Jahre alt wurde – er starb an einer Amöbenruhr –, stellte mehr als 3900 richtige Formeln und Gleichungen auf.[140] Die Ramanujan-Primzahl wurde ebenso nach ihm benannt wie die Ramanujan-Theta-Funktion. Fast alle seine Theorien und Lösungen haben sich im Lauf der Geschichte als richtig erwiesen. Noch heute gibt es eine eigens nach ihm benannte wissenschaftliche Zeitschrift – das *Ramanujan Journal* –, das sich den von ihm beeinflussten Bereichen der Mathematik widmet.[141]

Seine privaten Notizbücher, Unterlagen und Zusammenfassungen unveröffentlichter Arbeiten werden seit seinem Tod vor über 100 Jahren bis heute als Quelle neuer mathematischer Ideen analysiert und untersucht. Erst vor einem Jahrzehnt stellten Mathematiker fest, dass sich in simplen Kommentaren zu seinen Schriften zum Teil tiefgreifende und innovative Ergebnisse der Zahlentheorie befanden. Die Wissenschaft lernt somit bis heute vom Genie eines Mannes, der nie eine mathematische Ausbildung hatte. Wie ist dies möglich?

Ramanujan war ein streng orthodoxer Hindu, er war auch Vegetarier. Der US-Wissenschaftsjournalist Robert Kanigel erklärt Ramanujans Überzeugung so: »Es war die Göttin Namagiri, sagte er Freunden, der er seine mathematischen Gaben verdankte. Namagiri würde die Gleichungen ›auf seine Zunge schreiben‹. Namagiri würde mathematische Einsichten in seine Träume geben.«[142] Srinivasa Ramanujan erzählte auch von Visionen, von Schriftrollen mit komplexem mathematischem Inhalt, die er vor seinen Augen sah. Namagiri Thayar ist in der hinduistischen Theologie die Gemahlin von Mahavishnu, einer Hauptgottheit im Hinduismus, die als Beschützer des Universums gilt.

Viele dieser Schilderungen von Menschen, die eine Eingebung hatten oder zu haben glaubten, waren der Höhepunkt eines Prozesses, der schon zuvor begonnen hatte. Dabei muss man das Leben dieser Frauen und Männer berücksichtigen: wann sie lebten, wer sie unterstützte, welches soziale und familiäre Umfeld sie hatten. Ihre nichtlokale Erfahrung war kein singulärer, einsamer Prozess.

Stephan A. Schwartz von der Saybrook University, der sich in seiner wissenschaftlichen Arbeit intensiv mit dem Phänomen Genie auseinandergesetzt hat, sieht sechs Faktoren, die immer wieder bei Genies, Pionieren und Visionären vorkommen:

1. Intellektuelle Exzellenz durch Beherrschung der eigenen Fähigkeiten. Genies stehen intellektuell an der Spitze, ihre analytischen Fähigkeiten geben ihnen die Möglichkeit, das zu behandelnde Problem zu definieren.

2. Tiefes Wissen, im Gegensatz zum Glauben, dass es eine Lösung gibt. Wie Einstein es erklärte:»Ich bin mir sicher, dass ich recht habe, ohne den Grund zu kennen.«[143]

3. Blick nach innen: Es scheint essenziell zu sein, eine Technik zu entwickeln, um sich mit dem Aspekt des Selbst zu verbinden, der jenseits des Intellekts liegt. Der Schlüssel ist die Fähigkeit, sich zu fokussieren, wie wir es aus der Meditation kennen.

   Im Space Program der NASA in Cape Canaveral hatten die Ingenieure die Angewohnheit, Dart zu spielen, manchmal stundenlang. Es war ihre Geheimwaffe. Wenn sie bei einem Problem feststeckten und keinen intellektuellen Lösungsansatz fanden, begannen sie zu spielen. Es ist eine Variante von etwas, was von allen erlebt wird, die nach kreativen Durchbrüchen streben: eine Technik, die es ermöglicht, in einen entspannten Zustand mit offenem Fokus einzutreten.[144]

4. Sich so lange hinzugeben, bis ein Durchbruch aus dem intellektuellen Kampf eintritt. Wie eine Kapitulation oder ein Moment des Friedens, der Sicherheit und des inneren Zuhörens, der einen entscheidenden Wandel bringt.

5. Der Moment der Erleuchtung.
6. Intellektuelle Erklärung und Überprüfung. Hat der Moment der Erleuchtung stattgefunden, kommt wieder der bewusste, analytische Intellekt ins Spiel. Descartes ist ein gutes Beispiel, denn nach seinen Träumen benötigte er den Rest seines Lebens, um seine Vision anderen verständlich zu machen.

Meistens bewegen sich Genies zwischen Intellekt und Intuition. Sie deuten Momente der Erleuchtung oft als Akt des Vertrauens, der sie mit einer höheren Quelle verbindet.

Die Erforschung dessen, was Genie ausmacht und ermöglicht, wird in den kommenden Jahrzehnten vermehrt Ziel wissenschaftlicher Arbeit sein. Genie ist nicht planbar. Aber man wird der Frage nachgehen, ob man Studenten in Techniken ausbilden und Programme entwickeln kann, die ihre Sensibilität und Offenheit für außergewöhnliche Fähigkeiten forcieren, um so möglicherweise die Entstehung von Genie als Welt-Kraft zu fördern.

Niemand wird im Voraus sagen können, ob und welche Menschen möglicherweise darauf reagieren und Merkmale entwickeln, die unter die Bezeichnung Genie fallen. Aber wir können die Wahrscheinlichkeit ihrer Entstehung aufgrund neuer Erkenntnisse, die diese Forschung erst ermöglichen wird, und der Techniken, die sie dazu entwickelt, vermutlich erhöhen. Auch hier ist die Meditation der erste Schritt.

Es ist anzunehmen, dass ganz normale Menschen Momente des Genies oder der spirituellen Offenbarung erleben. Was Genies, Heilige und Menschen mit außergewöhnlichen Fähigkeiten gemeinsam haben, ist ein Gefühl für das nichtlokale Bewusstsein. Sie spüren meist eine Verbindung zu einem größeren Ganzen. Dies kann vieles sein: Gott, der Schöpfer oder das kollektive Unbewusste. Wir können es ganz einfach die Quelle nennen.

12

Bewusste Finanzprognosen

Was Aktienrenditen mit dem globalen Bewusstsein zu tun haben

Jeffrey Mishlove ist selten aus der Fassung zu bringen. Der Psychologe mit der markanten Glatze, der als Bestsellerautor auch das wegweisende Werk *The Roots of Consciousness. The Classic Encyclopedia of Consciousness Studies* verfasst hat, trägt den einzigen Doktortitel in Parapsychologie der University of Berkeley, Kalifornien, der je für dieses Fach verliehen wurde.

Seit vielen Jahren moderiert er das YouTube-Format *New Thinking Allowed*. In einer Folge schwärmt er von einem einzigartigen Ansatz zur Finanzprognose, der aus der parapsychologischen Literatur hervorgegangen sei.[145] Er legt diese Sendung allen an Mathematik, Statistik und trockenen wirtschaftlichen Themen interessierten Zuschauern wie auch Finanzhändlern und Anlegern dringend nahe. Bevor Mishlove auf das eigentliche Thema eingeht, stellt er das Global Consciousness Project (GCP) vor, mit dem dieser einmalige Ansatz begonnen habe.

Er erläutert, dass unsere Zufallszahlengeneratoren und ihre Ergebnisse den Ökonom Ulf Holmberg, der sich in seiner Arbeit auf die Aktienmärkte und Makroökonomie spezialisiert hat, auf eine außergewöhnliche Idee gebracht hätten. Holmberg studierte unter anderem an der UC Berkeley, war fünf Jahre lang

Referent an der Universität Umeå und ist seit über fünf Jahren für die Swedbank in Stockholm, eine der größten Banken Nordeuropas, tätig.

Holmberg beobachtete und analysierte die Daten und Ergebnisse der Zufallszahlengeneratoren des GCP, die auf der ganzen Welt verteilt sind und die wir auf unserer Website veröffentlichen. »Das Bewusstsein kann auf einem quantenmechanischen Level diese Zufallsgeneratoren beeinflussen, auch über große Distanzen«, erklärt Mishlove. »Bei 500 ausgesuchten Events zwischen 1999 und 2019 korrelierten die Zufallszahlengeneratoren des GCP und wichen von der Erwartung dermaßen ab, dass die Wahrscheinlichkeit bei 1 zu 100 Milliarden liegt, dass dies nur Zufall war. Es ist daher legitim anzunehmen, dass diese Zufallszahlengeneratoren Ergebnisse liefern, die mit dem Bewusstsein zusammenhängen. Das sind starke Daten.«[146]

Emotionen wie Angst und Gier bestimmen die Finanzmärkte

Emotionen und Gefühle bestimmen die Finanzmärkte, das weiß Holmberg aus eigener Erfahrung. Menschen folgen der Masse, wie wir am Herdentrieb feststellen können: Beginnen erste Anleger, eine Aktie im großen Rahmen zu verkaufen, so folgen sofort auch andere dem Beispiel aus Angst vor noch größeren Verlusten, selbst wenn der Kurs dadurch erst richtig fällt. Gehen Aktienindizes oder einzelne Titel steil nach oben, steigen plötzlich zahlreiche Anleger ein und legen gleich ein großes Paket ins Depot. Denn die Gier ist groß, auch wenn das Rekordhoch bereits erreicht ist und sich der Kurs – und somit auch der Preis – in kurzer Zeit verdoppelt hat, was den Kauf teuer macht.

Tatsächlich sind fallende Kurse meist der beste Moment, um nachzukaufen, weil der Preis pro Aktie günstig ist. Liegt ein Titel mit sonst guter Performance einmal unter Wasser, so kann auch aussitzen oder sogar zukaufen sinnvoll sein. Aber so denkt der normale Anleger meist nicht. Ganze Märkte reagieren nach emotionalen Prinzipien. Oft reichen plötzliche politische Ereignisse – Terroranschläge, Kriege, Lockdowns – oder emotionale wie Erdbeben oder die unüberlegte Aussage eines CEO auf Twitter aus, um eine Aktie in Talfahrt zu bringen. Wie hängen Emotionen, das Bewusstsein und unser Wirtschaftssystem zusammen? Das wollte Ulf Holmberg analysieren, und da kam ihm unser Ansatz des GCP gerade recht.

Die Anleger- und Marktstimmung beeinflusst die täglichen Aktienkursbewegungen. Da Verbraucher Individuen sind, so Holmbergs Argumentation, und Individuen innerhalb sozialer Gruppen und Volkswirtschaften handeln und konsumieren, könnte das kollektive Bewusstsein die kollektive Präferenz der Verbraucher und damit die Marktpreise beeinflussen. Vielleicht ist ein solches Bewusstseinskonzept der Ansatz, um generell Veränderungen in der kollektiven Verbraucherpräferenz in der Wirtschaft zu verstehen.

Holmberg nutzt den Beobachtereffekt, den wir aus der Quantenmechanik kennen, und beschreibt, dass die Beobachtung eines Quantenphänomens das beobachtete Phänomen verändert. Demnach können Messungen Quantensysteme aus der Ferne beeinflussen.

Seine Schlussfolgerung: Die Börsenkurse und die vom GCP gesammelten Daten der Zufallszahlengeneratoren könnten korrelieren, da die GCP-Daten von großen globalen emotionalen Ereignissen beeinflusst werden. Ereignisse, die auch die Börsenkurse und die daraus erzielten Renditen prägen sollten.

Unglaublich: Die Daten unserer Zufallszahlengeneratoren korrelieren mit Aktienmarktrenditen

Ulf Holmberg verglich in seiner Studie[147] unsere aus Zufallszahlen abgeleiteten Daten aus der ganzen Welt. Jedoch nicht von einzelnen Events, sondern von Zeitfolgen aus 20 Jahren, da unsere GCP-Daten alle 15 Minuten gemessen werden. Er nahm für die tägliche Beobachtung das 24-Stunden-Maximum dieser Daten, den sogenannten Z-Score. Diese Kennzahl sollte alle großen Abweichungen der Zufallszahlen beinhalten, da selbst geringfügige von unseren Geräten gemessen und erfasst werden. Dieser Datenabrufprozess führte zu einer Zeitreihe maximaler täglicher Z-Scores vom 1. Januar 1999 bis zum 9. August 2019.

Holmberg verknüpfte Daten aus individuellen GCP-Versuchen statistisch mit der täglichen Börsenindexrendite des Dow Jones Global Equity Index aus demselben Zeitraum und analysierte, ob es eine Korrelation zwischen ihnen gibt. Er betrachtete die maximalen Standardabweichungen der Zufallszahlengeneratoren aus allen zwei Jahrzehnten und verglich diese mit den Indizes – eine gigantische Datenmenge.

Was Ulf Holmberg entdeckte, ist kaum zu glauben: Die kollektiven Wertentscheidungen der Anleger werden von jenen Ereignissen geprägt, die die GCP-Daten beeinflussen. Die von uns generierten Zufallszahlen korrelieren demnach mit den globalen Aktienmarktrenditen. Es gibt eine signifikante wechselseitige Beziehung, die sogar ermöglicht, die Bewegung der Aktienmarktindizes des folgenden Tages vorherzusagen. Das überraschte selbst uns.

Es sind statistisch signifikante Daten, auch wenn nur 1 bis 2 Prozent der Veränderung vorausgesagt werden können. Aber wenn man zum Beispiel 1 bis 2 Prozent der Veränderung eines

Aktienindex jeden Tag genau und konsequent über einen Zeitraum von 20 Jahren vorhersagen kann, lässt sich damit gutes Geld verdienen. Sämtliche Daten, so Holmberg, erweisen sich als robust. Dass sie nur Zufall sind, liegt bei einer Wahrscheinlichkeit von eins zu hundert. Abgesehen vom wirtschaftlichen Wert haben diese Ergebnisse wirklich verblüffende Auswirkungen. »Diese Studie öffnet ein gigantisches Feld für Untersuchungen«[148], ist Mishlove überzeugt.

Heute schon wissen, wie der morgige Aktienkurs sein wird

Wer die Ergebnisse analytisch betrachtet, dem erscheinen sie rasch einleuchtend. Plötzliche, unerwartete makroökonomische und politische Ereignisse können dazu führen, dass sich ein Marktpreis ändert. Bewusstes Verhalten als Käufer soll in der Regel eine Nutzenfunktion maximieren, während Unternehmen lediglich versuchen, den Gewinn zu maximieren. Das bewusste Verhalten des Einzelnen spielt daher eine wichtige Rolle bei der Bestimmung der Marktpreise. Diese sind abhängig von einer kollektiven Präferenz, das gilt auch für Börsenkurse. Sie sind das Ergebnis kollektiver Entscheidungen der Anleger über den Wert von Unternehmen. Da eine solche kollektive Entscheidung den in der Wirtschaft üblichen Marktpreismechanismen folgt, konnte durch die bahnbrechende Studie Holmbergs bewiesen werden, dass Börsenkurse von Ereignissen beeinflusst werden, die jenen ähneln, die die Daten des Global Consciousness Project prägen.

Diese Studie sei faszinierend, erklärt Jeffrey Mishlove in *New Thinking Allowed*. »Die Ergebnisse bestätigen auch, dass unser

Bewusstsein durch Hardware erzeugte Zufallszahlen aus der Ferne beeinflussen kann«[149], fasst Holmberg zusammen.

Es wird interessant sein zu sehen, ob diese Studie die Finanztermingeschäfte beeinflussen kann. Die Ergebnisse eröffnen jedenfalls vielfältige Möglichkeiten für die zukünftige Forschung – auch und insbesondere in der Finanzwelt.

13

Die Welt-Kraft der Natur

Wie uns Ehrfurcht in unserer Entwicklung weiterbringen kann

Er ist ein Kraftplatz inmitten der Stadt, eine Oase der Ruhe und Entspannung. Pro Tag nutzen ihn bis zu einer halben Million Menschen, um ihren Geist zu beruhigen, die Natur zu genießen und Kraft für die nächsten Aufgaben zu tanken. Mit einer Größe von 349 Hektar ist er der wohl größte künstlich geschaffene Park in einer Millionenmetropole: der Central Park.

Ausgerechnet ein Landschaftsarchitekt hatte die Idee für ihn: Andrew Jackson Downing war als Landschaftsgestalter eine nationale Berühmtheit und schrieb in der Zeitung *The Horticulturist and Journal of Rural Art and Rural Taste*, deren Chefredakteur er war, 1848 erstmals über die Idee, einen großen Park mitten in New York für alle Stadtbewohner anzulegen. Downing sollte die Fertigstellung des Central Parks nicht mehr erleben: Vier Jahre nach seiner tollkühnen Idee verbrannte er bei einer Kesselexplosion auf dem Dampfschiff Henry Clay auf dem Hudson River. Der Erzählung nach blieb von ihm nur Asche über.

1873 wurde der Central Park eröffnet, ein Meilenstein moderner Stadtgestaltung. Was heute kaum mehr jemand weiß: Jeder Quadratzentimeter des Geländes wurde bearbeitet, die Oberflächen abgesenkt oder erhöht, ein künstlicher See und unterirdische

Wasserwege angelegt sowie fast 1,9 Millionen Kubikmeter Erde bewegt. 166 Tonnen Schießpulver mussten eingesetzt werden, um Hunderttausende Tonnen Felsgestein aus Gneis und Granit zu sprengen. Landschaftsgärtner verteilten über 30 000 Kubikmeter Pflanzenerde auf dem Areal und pflanzten 270 000 Bäume und Sträucher. Zum Teil arbeiteten 3600 Menschen zeitgleich an der Errichtung des Parks, der die Natur in das Herz New Yorks bringen sollte.

150 Jahre später wirkt der vier Kilometer lange und fast einen Kilometer breite Central Park zwischen 59. und 110. Straße wie ein völlig natürlich entstandener Fleck Natur inmitten einer Großstadt mit Hunderten Wolkenkratzern und dicht besiedelten Straßen. Als grüne Lunge Manhattans bezeichnet kann man kaum glauben, dass Bürgermeister Ed Koch Anfang der 1980er-Jahre ernsthaft überlegte, den damals verwahrlosten Park aus Kostengründen zu schließen.

Erst einem Benefizkonzert von Simon and Garfunkel, das eine halbe Million Menschen im Park besuchten, und einer privaten gemeinnützigen Initiative, der Central Park Conservancy, ist es zu verdanken, dass die einzigartige Naturlandschaft des Parks bis heute erhalten geblieben ist. Fast 85 Prozent der jährlich notwendigen Erhaltungskosten werden auch 2021 noch immer durch private Spendengelder finanziert.

All die Mühen, den Central Park zu errichten und zu erhalten, haben sich gelohnt. Denn die Natur ist ein Kraftplatz für uns Menschen. Jeder Aufenthalt in ihr, und sei es nur für kurze Zeit, verändert uns physisch und psychisch.

Die positive Wirkung der Natur auf unseren Organismus: ein niedriger Cortisolspiegel, Blutdruck und Puls

In Japan hat man dem Aufenthalt in der Natur einen eigenen poetischen Namen gegeben: Shinrin-yoku – das Waldbad. Der Begriff ist nunmehr fast 40 Jahre alt. Er entstand für eine Kampagne des Ministeriums für Land- und Forstwirtschaft und Fischerei mit dem Ziel, die Japaner dazu zu bringen, mehr in die Natur zu gehen.[150]

Die Natur ist Erholungsangebot und Therapie in einem. Shinrin-yoku umfasst dabei nicht nur den bloßen Spaziergang durch den Wald, sondern auch die bewusste, intensive Beschäftigung mit seiner Atmosphäre. Das fördert eine Erholung des Geistes und stimuliert gleichzeitig die Sinne. Zahlreiche wissenschaftliche Untersuchungen belegen eindeutig, wie wichtig für uns Menschen der Aufenthalt in der Natur ist.

Für eine Studie mit 24 Feldversuchen in ganz Japan wurden Probanden einerseits in Wälder und anderseits in Stadtgebiete geschickt. Am zweiten Tag wurden die Ziele der Gruppen getauscht. Bei jedem Ausflug wurden das Stresshormon Cortisol, Blutdruck, Pulsfrequenz und Herzfrequenzvariabilität gemessen, sowohl davor als auch mehrfach während des Aufenthaltes in der Natur bzw. Stadt und danach.

Das Ergebnis war eindeutig: Waldumgebungen führen zu einer niedrigeren Cortisolkonzentration und Pulsfrequenz, einem niedrigeren Blutdruck sowie einer höheren parasympathischen Nervenaktivität als der Aufenthalt in städtischen Umgebungen. Wir fühlen uns in der Natur wohler als in der Stadt, und sie hat eine außerordentlich günstige Wirkung auf unseren Organismus.[151]

Die Natur mit ihrem Grün und auch Wasser haben einen positiven Effekt auf menschliche Systeme und unser gesamtes Leben. Auch die präventive Wirkung ist groß, beispielsweise um Stress abzubauen und Burn-out zu verhindern.

Margaret Mary Hansen von der University of San Francisco hat 127 Studien untersucht, die sich mit Waldbaden oder Shinrin-yoku auseinandersetzen, und bei 64 die Ergebnisse analysiert. Ihre Erkenntnis: Wir Menschen erkennen in intuitiver Weise psychologisch und spirituell die entspannenden und beruhigenden Effekte, wenn wir uns in Wäldern, Parks oder auf Grünflächen zwischen Pflanzen und Blumen aufhalten oder diese auch nur betrachten. Hansens Folgerung: »Das Waldbad bietet dem Menschen eine authentische Art der Heilung und Gesundheitsförderung für Geist, Körper und Seele.«[152]

Zwei Tage in der Natur haben einen Monat lang eine positive physiologische Wirkung

Es reichen bereits zwei Tage in der Natur aus, um eine nachhaltige Wirkung auf unsere Gesundheit auszuüben und unser Immunsystem deutlich zu stärken.

So zeigt eine Reihe von Studien, bei denen Probanden einen jeweils zwei- oder dreitägigen Ausflug in Waldgebiete machen sollten, eindeutige positive Veränderungen in ihrem Immunsystem. Dabei wurden die regulatorischen Zellen beobachtet, deren Hauptaufgabe darin besteht, Krankheitserreger zu bekämpfen und dem Körper eine lang anhaltende Immunität gegen Infektionen zu gewährleisten. Sowohl die Anzahl der NK-Zellen (natürliche Killerzellen), die zur Gruppe der Lymphozyten gehören und in der Lage sind, abnormale Zellen wie Tumorzellen und virusinfizierte Zellen zu identifizieren und abzutöten, hat sich durch den Waldaufenthalt deutlich erhöht als auch die der Gran-zym-B-exprimierenden Zellen im Blut. Gleichzeitig ging die Konzentration des Stresshormons Adrenalin zurück.

Das Besondere dabei: Auch Messungen nach einer Woche und nach 30 Tagen zeigten noch die positiven Auswirkungen des Ausflugs in die Natur.[153] Die gleichen Messungen wurden an einem normalen Arbeitstag in der Stadt als Kontrolle durchge-führt. Hierbei ließen sich keine Veränderungen nachweisen. Be-reits ein einmal im Monat stattfindender Ausflug in die Natur stärkt somit messbar unser Immunsystem.

Der Glaube, dass Pflanzen und Gärten uns Menschen guttun, ist mehr als 1000 Jahre alt und tritt in fernöstlichen wie in west-lichen Kulturen auf. In Europa haben Klöster im Mittelalter kunstvolle Gärten angelegt, um den Glaubensbrüdern und -schwestern, aber auch Kranken eine angenehme, beruhigende Ablenkung zu bieten. Die antiken Zivilisationen waren sich der Bedeutung der natürlichen Umwelt für die Gesundheit und das Wohlbefinden bewusst. Die Verwendung von Gärten als Räume der Heilung kann bis zu frühen asiatischen, griechischen und rö-mischen Kulturen zurückverfolgt werden.

Ehrfurcht unterstützt uns, die Welt-Kraft zu nutzen

Doch nicht nur physisch hat die Natur eine heilende Wirkung auf uns Menschen. Sie erzeugt auch ein Gefühl von Ehrfurcht, *awe*, wie die Amerikaner sagen. »Ehrfurcht ist das Gefühl, in der Gegenwart von etwas Großem zu sein, das Ihr Verständ-nis der Welt übersteigt«[154], weiß Dacher Keltner, Professor für

Psychologie an der Universität Berkeley und Gründer des Greater Good Science Center.

Wer auf der Suche nach Glück, Gesundheit und Wohlbefinden ist, sollte nach Möglichkeiten Ausschau halten, öfter Erfahrungen zu machen, die Ehrfurcht in uns erzeugen. Sie hilft uns dabei, die Welt-Kraft zu nutzen.

In der Antike war Ehrfurcht den Gefühlen gegenüber göttlichen Wesen vorbehalten, von denen die alten Griechen glaubten, dass sie über ihr Schicksal wachten. 1757 hat der irische Philosoph Edmund Burke unser Verständnis von Ehrfurcht revolutioniert.[155] Er dokumentierte, wie wir Ehrfurcht nicht nur während eines religiösen Rituals oder in Gemeinschaft mit Gott fühlen, sondern auch bei alltäglichen Wahrnehmungserfahrungen: wenn wir die Natur in ihrer Einzigartigkeit erleben, ein Gewitter sehen, von Musik bewegt werden – Ehrfurcht sei auch im täglichen Leben zu finden.

Ehrfurcht entsteht, so Keltner, auch durch außergewöhnliche Erlebnisse: bei einem Blick auf das Monument Valley, einer Begegnung auf der Straße mit George Clooney oder beim Erleben des Heiligen während der Meditation oder des Gebets. Häufiger berichten die Menschen jedoch von Ehrfurcht vor alltäglichen Dingen, wenn sie beispielsweise die Farben der Blätter eines Ginkgos sich verändern sehen, nachts in den Himmel blicken, an den Ufern eines Flusses campen oder einem obdachlosen Fremden ihr Essen geben.[156] Ehrfurcht, so stellte Dacher Keltner in seiner wissenschaftlichen Arbeit fest, wird vor allem durch Natur, Kunst und beeindruckende Individuen oder Leistungen hervorgerufen, dazu gehören auch Handlungen von großem Können oder Tugend.[157]

Gemeinsam mit seinen Kolleginnen Michelle N. Shiota und Amanda Mossman von der University of California, Santa

Barbara, hat Keltner ein Experiment im paläontologischen Museum der Universität Berkeley mit dem Skelett eines Tyrannosaurus Rex gemacht.[158] Die 50 Teilnehmer wurden informiert, dass sie an einer Umweltstudie teilnehmen, und angewiesen, nicht mit anderen zu sprechen. Die eine Hälfte der Gruppe wurde in einen Saal gebracht, in dem sich eine originalgetreue Replik des Skeletts eines Tyrannosaurus Rex befand. Sie war rund vier Meter hoch, 7,6 Meter lang ist und wog fünf Tonnen. Die Teilnehmer sollten das Skelett eine Minute lang aufmerksam betrachten. Die Kontrollgruppe wurde stattdessen in einen Raum gebracht, wo sie eine Minute lang einen leeren Gang betrachten sollten. Dann wurden die Mitglieder beider Gruppen aufgefordert, 20 Mal einen Satz zu vervollständigen, der mit »Ich bin ...« begann.

Psychologe Keltner: »Diejenigen, die den Dinosaurier betrachteten, definierten sich eher kollektivistisch – als Mitglied einer Kultur, einer Spezies, einer Universität, einer moralischen Sache. Bei der Kontrollgruppe war das nicht der Fall. Ehrfurcht bettet das individuelle Selbst in eine soziale Identität ein.«[159] Das ist der eine Grund, warum Ehrfurcht im Verlauf von sieben Millionen Jahren hominider Evolution Teil unserer Persönlichkeit wurde.

Dacher Keltners Erkenntnis ist, dass Ehrfurcht uns an soziale Kollektive bindet und uns die Möglichkeit gibt, kollaborativer zu handeln. Durch die Bildung starker Gruppen haben sich letztendlich auch die Überlebenschancen des Menschen erhöht.[160] Shiota wiederum sieht Ehrfurcht als eine emotionale Reaktion auf starke Reize unserer Wahrnehmung, die unsere »mentalen Strukturen überwältigen«[161].

Der Aufenthalt in der Natur
erfüllt uns mit Ehrfurcht

Die Schönheit der Natur, aber auch wunderbare Sonnenuntergänge, einzigartige Kunstwerke oder eine intellektuelle Offenbarung rufen eine intensive emotionale Reaktion in uns hervor. Der Aufenthalt in der Natur hat nicht nur eine positive, physisch messbare Folge, sondern erfüllt uns auch mit Ehrfurcht.

Ehrfurcht ist nicht automatisch gleichzusetzen mit Glück, weiß Dacher Keltner, der in einer Studie nach unterscheidenden Merkmalen dieser beiden Zustände suchte. Glück wird meist während »lustvoller Interaktionen mit oder hervorgerufen durch geliebte Menschen«[162] erlebt: ein Wiedersehen mit der Familie in Covid-19-Zeiten, ein ausgelassenes Fest, ein freudiges Ereignis.

Es gibt zudem ein untrügliches physisches Merkmal, das Glück kennzeichnet: das Lächeln. Menschen lächeln, wenn sie glücklich sind. Glück wird unverwechselbar begleitet vom »Duchenne-Lächeln«, der Kontraktion der Muskeln um die Augen und der Bewegung der Lippenecken nach oben.[163]

Ehrfurcht hingegen wird eher durch Wahrnehmung oder komplexe, informationsreiche Reize ausgelöst wie den Blick vom Gipfel der 2962 Meter hohen Zugspitze auf die Berge der Ostalpen, die Wildspitze oder den Großglockner oder das Betrachten von Tizians monumentalem Bild *Diana und Actaeon* in der National Gallery in London.

So ließ Keltner 60 Studenten ein aktuelles Erlebnis beschreiben, das bei ihnen entweder Glück oder Ehrfurcht auslöste. Die Beschreibung musste so sein, als wäre sie für »ein völlig emotionsloses Wesen wie Mr. Spock*, das menschliche Gefühle nicht

---

* Der Vulkanier aus der TV-Serie *Raumschiff Enterprise*

versteht«[164], gedacht. Das Ergebnis: Deutlich mehr Teilnehmer empfanden Ehrfurcht in der Natur sowie gegenüber Kunst und Musik als Glück in derselben Situation. Bei sozialen Interaktionen hingegen empfanden signifikant mehr Probanden Glück als Ehrfurcht. Eine überwiegende Anzahl von Testpersonen beantwortete die Frage, was sie in der kommenden Stunde am liebsten machen würden, mit »Zeit in der Natur verbringen« und »kreative Aktivitäten«.

Die Natur, der Wald, beeindruckende Panoramen, herrliche Ausblicke, aber auch Stürme und der Ozean verursachen ein Gefühl der Ehrfurcht in uns. Speziell Bäume und Wasser lösen solche Emotionen in uns aus.

Dacher Keltner, der Internetgiganten wie Facebook und Google in Fragen zu Emotion und Altruismus beriet und Pixar mit seiner Expertise beim oscargekrönten Zeichentrickfilm *Alles steht Kopf* unterstützte, sieht in Ehrfurcht vor allem Vorteile. »Ehrfurcht macht sehr viel Gutes mit den Menschen und für unsere Gemeinschaft. Wir brauchen sie, und sie ist wirklich das, was gerade wichtig ist in Zeiten der Globalisierung«, erläutert er. »Ich glaube, die Hauptsache von Ehrfurcht ist es, Geheimnisse anzunehmen. Wir wissen zum Beispiel nicht, was passieren wird, wenn wir sterben. Finden Sie Dinge, die größer sind als Sie selbst, und arbeiten Sie für diese! Ich habe so viel gelernt, als ich die Ehrfurcht studiert habe – das ist mein Ratschlag an Sie.«[165]

Die Natur als Tor zur Entwicklung außergewöhnlicher Fähigkeiten

Die Natur ist also eine vielfältige Kraftquelle für uns Menschen. Mehr noch: Sie ist eine Eintrittspforte, um außergewöhnliche Fähigkeiten zu entwickeln. Denn sie versetzt uns in einen Zustand, der vergleichbar ist mit jenem der Meditation. Es hat seinen Grund, warum große Denker und Genies die Natur suchten, um Lösungen auf fundamentale Fragen zu finden.

Ernst Gabor Straus, der Assistent von Albert Einstein, schilderte noch Jahrzehnte später, wie Einstein bei komplexen Aufgaben aufstand, im Raum umherging, seine Haare raufte und wirkte, als wäre er in einem entrückten Zustand. Gerne streifte er in Princeton durch die Wälder und verbrachte Zeit in der Natur, um in diesem Umfeld Lösungen auf die großen Fragen unserer Zeit zu finden.

Ehrfurcht treibt Menschen zu paradigmenwechselnden Entdeckungen und neuen Technologien an. Dies war nicht nur bei Einstein der Fall, sondern auch bei Darwin und Descartes.

Selbst die simulierte Natur verändert uns

Wie sehr Natur uns beeinflusst, zeigt sich darin, dass allein ihr Anblick auf Videos oder Bildern uns innerhalb nur weniger Minuten in einen ganz anderen physiologischen Zustand versetzt, der sich auch messen lässt.

Roger S. Ulrich von der Chalmers University of Technology in Schweden hat die physiologischen Reaktionen von 120 gestressten Personen untersucht, denen nach dem Zufallsprinzip eine Erholungsperiode gestattet wurde. In ihr wurde ihnen eines von sechs Videos vorgespielt, das entweder die Natur und Wasser zeigte oder Gebäude ohne jedes Grün. Dabei wurden Blutdruck, Herzfrequenz, Hautleitwert und Muskelspannung gemessen. Die Untersuchung zeigte, dass die Erholung von Stress schneller und vollständiger vonstattenging, wenn sich die Testperson die Naturvideos ansah. Das Unglaubliche dabei: die Schnelligkeit der naturbedingten Erholung. Schon nach nur drei Minuten waren signifikante Veränderungen aller physiologischen Parameter messbar. Dies lässt die Interpretation zu, so Ulrich, dass die Natur die Aktivität im sympathischen Nervensystem, das den Körper auf Stress- oder Notfallsituationen vorbereitet, wirksam senkt. Aber auch subjektiv erklärten die Testpersonen, dass das Ansehen des Naturvideos positive Gefühle in ihnen hervorrief und sie sich danach erholter und besser fühlten. Sie berichteten über ein weitaus höheres Maß an positiven Emotionen.[166]

So oft ist unser Blick in der heutigen Zeit auf unsere Smartphones gerichtet, anstatt die Wunder und die Schönheit der Natur zu bemerken und zu nutzen. Schon kleine, bescheidene Schritte können uns auf dem Weg, die Welt-Kraft in uns anzuwenden, weiterbringen. Deshalb unser Rat: Nehmen Sie sich Zeit zum Innehalten und öffnen Sie Ihren Geist für die Dinge, die Sie nicht vollständig verstehen.

14

Die nächste Stufe
der Evolution

Auf dem Weg zur Noosphäre

Er hatte ein Ziel, an dem so viele große Denker vor ihm gescheitert waren: seinen Glauben an die Welt mit seinem Glauben an Gott in Verbindung bringen.

Pierre Teilhard de Chardin war ein Brückenbauer, der die Kluft zwischen Darwins Evolutionstheorie und dem biblischen Schöpfungsglauben überwinden wollte. Der französische Jesuitenpater, 1881 auf dem Landschloss Sarcenat in der Auvergne als viertes von elf Kindern eines Gutsherrn und seiner Frau, die dem französischen Landadel entstammen, geboren, war ein weltberühmter Paläontologe und Geologe. Er studierte Naturwissenschaften, entdeckte und erforschte den 780 000 Jahre alten fossilen Schädel des Peking-Menschen in einer Höhle bei Zhoukoudian in China – das Bindeglied zwischen dem modernen Menschen und seinen affenähnlichen Vorfahren – und nannte sich selbst bescheiden einen »Steinesammler«.

Teilhard sah sich seit Geburt als »Sohn der Erde«, der die Evolution in eine entscheidende Phase eintreten sah: nicht mehr getrieben von einem kriegerischen Gegeneinander, sondern beseelt von einer globalen Zusammenarbeit, die von der Energie der Liebe gespeist wird. Nur so könne die Menschheit den »Punkt Omega« erreichen, den Idealzustand, auf den uns die Religionen hoffen ließen und bei dem die Verschmelzung des Bewusstseins uns zu einem neuen Zustand des Friedens und der planetaren Einheit führen werde. Lange bevor die Ökologie in Mode kam, sah er diese Einheit voraus: »Das Zeitalter der Nationen ist vorbei. Die Aufgabe, die uns jetzt bevorsteht, wenn wir nicht zugrunde gehen wollen, ist es, die Erde zu bauen.«[167]

Teilhard de Chardin erforschte die Geschichte und die Zukunft des Lebens, sah sich aber auch als »Sohn des Himmels«. Er war geprägt durch die christliche Erziehung seines Elternhauses, ging nach seinem Philosophiestudium nach Kairo und studierte schließlich Theologie im britischen Hastings. 1911 wurde er zum Priester geweiht. Die Lektüre von Bergsons Schrift *L'évolution créatrice* weckte in ihm »das Bewusstsein einer tiefen, ontologischen, totalen Drift des Universums um ihn herum«[168]. Eine evolutive Perspektive prägte seine Weltsicht: Von der Vergangenheit ausgehend habe sich das Leben über verschiedene Stufen bis hin zum Menschen entwickelt.[169] Damit stand er in krassem Widerspruch zur christlichen Glaubenslehre.

In seinen theologischen Aufsätzen reifte schon früh die Erkenntnis, dass Geist und Materie nicht einander entgegengesetzt, sondern zwei »Zustände desselben kosmischen Substrats«[170] sind. Der junge Teilhard entwickelte eine neue Weltsicht, die so revolutionär war, dass sie von Beginn an von der kirchlichen Zensur bedroht war. Der französische Philosoph und Mathematiker Blaise Pascal, der in seinem Werk das Prinzip der Einheit allen Seins vertrat, der große Isaac Newton, der französische Philosoph Henri Bergson und Platon faszinierten ihn.[171]

Schon in einer seiner ersten Schriften mit dem Titel *Die Wunder von Lourdes*, in der er sich der Auto- und Fremdsuggestion

und den damit verbundenen Krankenheilungen widmete, zeigte
Teilhard eine andere Sicht der Dinge. Wunder, die als ein Wirken
Gottes gesehen werden, relativierte er insofern, als sie nicht den
Charakter eines generell dem Wissen verschlossenen Geheim-
nisses hätten. Es seien vielmehr Phänomene, die von der derzeitigen Wissenschaft noch nicht erklärt werden könnten und
denen sich die Kirche nur deutend annehme. Wunderheilungen
stünden mit einem der Wissenschaft noch unbekannten geistigen Prinzip der Materie in Verbindung.[172]

Während des Ersten Weltkriegs, den Pierre Teilhard de Chardin an der Westfront in einem Eliteregiment als Sanitätskorpo-
ral erlebte, das in allen großen Schlachten eingesetzt wurde, will
er mehrere Christusvisionen gehabt haben, die er in seinem
autobiografischen Spätwerk *Das Herz der Materie* ausführlich beschreibt.[173]

Seine evolutive Weltsicht ließ ihn in dieser kriegerischen Auseinandersetzung das Ringen um etwas Neues, Zukünftiges erkennen. Denn er beobachtete, dass viele Soldaten, besonders in
den Zeiten vor einer Schlacht, entgegen anderen Erfahrungen
frömmer, sittlicher und priesterlich ansprechbarer wurden. Eine
Beförderung zum Militärgeistlichen im Rang eines Hauptmanns
lehnte er ab, weil er dann nicht mehr Schwerverletzte als Kran-
kenträger vom Schlachtfeld hätte holen können. Er überlebte
den Ersten Weltkrieg unverletzt und wurde zum Ritter der Eh-
renlegion ernannt.

Teilhard de Chardin promovierte und erhielt eine außeror-
dentliche Professur am Institut Catholique de Paris. Er ging aber
schon bald als Paläontologe auf Forschungsreisen nach Äthiopien und Java, um dem permanenten Diskurs und Konflikt mit
kirchlichen Vorgesetzten zu entgehen, die seinen progressiven
Denkansätzen nichts abgewinnen konnten. Das ging so weit,

dass seine Schriften im Vatikan ins Visier der Sacra Congregatio Sancti Officii, der Glaubenskongregation, gelangten und er ins chinesische Exil geschickt wurde, um Schlimmeres zu vermeiden. Dies stürzte ihn in eine tiefe persönliche Krise. In China unternahm er fünf Expeditionen und erstellte eine geologische Karte des gigantischen Landes.

Mitten im Zweiten Weltkrieg entstand hier sein Hauptwerk *Der Mensch im Kosmos*. Dieses monumentale Werk birgt eine kluge und leidenschaftliche Vision von Sinn, Zweck und den Möglichkeiten des Menschen. Teilhard wollte damit naturwissenschaftliches und theologisches Denken einander näherbringen. Denn Evolution und Schöpfung standen für ihn nicht im Widerspruch. Die Mystik sah er als »Wissenschaft der Wissenschaften« an.[174]

Die Menschheit wächst zu einem Geist zusammen

Der Kosmos vollzieht eine progressive Geistwerdung, so Teilhards These. Durch die Noogenese entstehe die Noosphäre, eine Phase der geistigen Entwicklung, in der die Menschheit zu einem Geist zusammenwachse. Teilhard sieht sie als eine sich selbst erschaffende Wirklichkeit. Nach einer Phase der Divergenz, dem Besitzergreifen der Erde, folge eine Phase der Konvergenz, in der die Menschen aufeinander zugingen und einander suchten. Die kosmische Energie, die es der Wirklichkeit ermöglicht, diesem Ziel entgegenzustreben, sei die Energie der Liebe.[175] Sie sei die universale, geheimnisvollste Energie und Antrieb für jedes höhere Streben. Teilhard stellt sich Christus dabei »mit Hilfe einer Weltseele, deren Platz er einnehmen würde«[176], vor. Sie strahle »Lebenskräfte auf das Universum«[177] aus.

Das Ziel der Kosmogenese, auf deren letzte Etappe die Noogenese stehe, sei der Punkt Omega: »Wenn der Punkt Omega nicht
von Natur erhaben wäre über Zeit und Raum, die er in sich sam-
melt, so wäre er nicht Omega. Eigengesetzlichkeit, allgegenwärti-
ges Wirken, Irreversibilität und schließlich Transzendenz: das sind
die vier Attribute von Omega.«[178] Omega ist für ihn Ziel und Motor
der Evolution, der Geist eine planetarische Größe. Die sechstägige
Schöpfungsgeschichte, die wir aus der Bibel kennen, sieht er als
einen Millionen von Jahren dauernden Entstehungsprozess.

Pierre Teilhard de Chardin ging davon aus, dass allen physischen Dingen geistige Eigenschaften innewohnen. Die Materie
müsse, um Geist hervorzubringen, als Urmaterie bereits beseelt
gewesen sein.[179] Die innerseelischen Sinne würden es uns ermöglichen, die Erscheinungen der Wirklichkeit zu erfassen und den
Gesamthorizont des Seins erfahrbar zu machen. Er führte den
Sinn für den unermesslichen Raum, den Sinn für die Tiefe der
Zeit und den Sinn für das Ganze ein. Dank dieser neuen Sinne sei
der Mensch fähig, sich mit dem Weltganzen zu vereinen.

Die Noosphäre als planetarisches Denknetzwerk

Teilhards Vision war, dass die Erde in ihrer evolutionären Ent-
faltung ein neues Organ des Bewusstseins entstehen lässt, die
Noosphäre. Sie ist auf planetarischer Ebene das, was die Großhirnrinde, der Cortex, für den Menschen ist: das Zentrum des
Denkens und der Persönlichkeit. Die Noosphäre ist ein »planeta-
risches Denknetzwerk« – ein miteinander verbundenes System
von Bewusstsein und Information, ein globales Netz aus Selbst-
bewusstsein, sofortigem Feedback und Kommunikation auf der
Ebene des Planeten.

Zum Zeitpunkt, als Teilhard de Chardin sein Werk verfasste, hatten Computer wie der von Konrad Zuse gebaute Zuse Z3 die Größe eines Wohnwagens. Das Internet war, wenn überhaupt, ein Element spekulativer Science-Fiction. Doch die Noosphäre kommt tatsächlich zustande, und zwar mit einer Schnelligkeit, die verglichen mit der Entstehungszeit der Erde nur ein Sekundenbruchteil ist. Der Planet ist durch die genannten Entwicklungen – Computer und Internet – dabei, seine Großhirnrinde zu entwickeln und ein selbstbewusstes Erwachen zu erleben.[180] Wir nähern uns tatsächlich dem Omega-Punkt, den Teilhard de Chardin nahezu prophetisch vorhergesagt hat.

Diese Konvergenz, die Annäherung an den Punkt Omega über ein globales Informationsnetzwerk, ist nicht nur eine von Geist oder Körper, sondern vor allem eine des Herzens. Dies betonte Teilhard immer wieder.

Anfang der 1950er-Jahre wurde Teilhard de Chardin abermals verbannt, diesmal nach New York. Mittlerweile 70 Jahre alt fügte er sich der Kirche. Erst nach seinem Tod am Ostersonntag des Jahres 1955 wurden seine Schriften veröffentlicht. Teilhard de Chardins Bücher erreichten rasch eine Millionenauflage und inspirierten viele andere, die seinen Ideen folgen sollten.

So entwickelte der Chemiker und Mediziner James Lovelock gemeinsam mit der Mikrobiologin Lynn Margulis zehn Jahre nach Teilhards Tod die Gaia-Hypothese: Die Erde und die Biosphäre sind als ein einziges Lebewesen zu betrachten. Sie bilden ein kolossales biologisches Supersystem.

Einssein: Sich miteinander und
mit der Welt verbunden fühlen

Es gibt Momente und Zeiten, in denen wir ein besonderes, miteinander verbundenes Bewusstsein mit unseren Mitmenschen teilen. Wenn uns großartige Musik begeistert, wir uns gegenseitig von einem atemberaubenden Sonnenuntergang inspirieren lassen oder wenn wir uns verlieben, werden wir vorübergehend in eine gemeinsame Welt versetzt, die bemerkenswert erscheint.

Diesen Zustand des Einsseins erleben die meisten von uns selten, aber wir wissen, wie er sich anfühlt. Wenn eine solche Erfahrung vorbei ist und wir zu unseren normalen, getrennten Wahrnehmungen zurückkehren, wird das Erlebte zur Erinnerung. Trotzdem spüren wir, dass da mehr sein muss: Wir fühlen uns auf tiefgreifende Weise miteinander und mit der Welt verbunden. Wir wissen auf einer bestimmten Ebene, dass wir nicht isoliert sind, sondern eine subtile Energie zwischen uns besteht – und dass wir einen Moment teilen können, der für uns gemeinsam bedeutsam ist.

Wenn wir an dieses Potenzial glauben, das sich über uns hinaus auf eine Welt voll Leben erstreckt, haben wir die Grundlage für ein Modell des globalen Bewusstseins geschaffen. Die Welt braucht, wie Teilhard de Chardin glaubte, letztendlich dieses gemeinsame Bewusstsein und entwickelt sich aktiv darauf zu.

Die Welt-Kraft in dir zeigt, dass wir in einer vernetzten, bewussten Welt leben, in der wir als Menschen eine wesentliche Rolle spielen. Wir haben immense Fähigkeiten und die Verantwortung, sie auch zu nutzen und mit ihnen die Zukunft aktiv zu gestalten. So herausfordernd und schwierig diese Phase unserer Geschichte auch ist, sie wird vorübergehen. Eine wunderbare Zukunft liegt vor uns, auch wenn sie fragil sein mag. Wir brauchen Geduld und das, was wir für Glück halten. Vielleicht können wir, indem wir uns der Möglichkeiten bewusster sind, die Notwendigkeit der Geduld minimieren und unseren Anteil am Glück erhöhen.

Wir sind uns heute mehr denn je der tieferen Bedeutung persönlicher Erfahrungen bewusst. Wir erinnern uns an das Verständnis unserer Kindheit, dass ein Stein, ein Baum oder ein Fluss lebendig sein könnte, und teilen unsere Erfahrungen mit der Welt.

Wenn wir die Werke großer Schriftsteller und die Poesie großer Dichter aus unterschiedlichen Teilen der Welt lesen, erkennen wir ein ineinander verschlungenes Geflecht von faszinierender Schönheit, das unsere Kulturen verbindet. Der amerikanische Immunologe Lewis Thomas empfahl jedem, der etwas über das Bewusstsein wissen wolle, Musik zu hören.

Vielleicht sollten wir die Daten des Global Consciousness Project durch eine künstlerische Linse betrachten und sie mit dem Herzen zu verstehen suchen. Auch wenn sie aus einem wissenschaftlichen Antrieb entstanden sind, scheint es wichtig, uns für eine andere, kreativere Perspektive zu öffnen: die des subjektiven Geistes.

Lassen Sie uns also für ein tieferes Verständnis Musik aus den Zahlen machen. In den Korrelationen könnten Harmonien verborgen sein. Wir sollten Bilder mit den Daten malen und Bedeutungsnetze aus den Werten weben, die vom Zufall durch unsere Gedanken abweichen. Wir mischen diese als Klänge und Farben und malen ein imaginäres globales Bewusstsein, das gerade erwacht.

Während wir dies in unserer Imagination tun, zeichnet die Wissenschaft mit ihren hoch entwickelten objektiven Methoden einige elegante, lehrreiche Bilder und Diagramme, die diese

Daten in Erkenntnisse umwandeln. Auch sie haben Schönheit und zeigen Strukturen, die es nicht geben sollte, es sei denn, sie werden durch eine Abweichung vom globalen Bewusstsein erzeugt.

Dieses globale Bewusstsein wird durch Verbindungen und Interaktionen von Menschen auf der ganzen Welt gebildet, so wie der Geist durch die Interaktion von Neuronen im Gehirn geformt wird. Im Gehirn ist Kooperation die Regel, in der Welt jedoch die Ausnahme.

Das globale Bewusstsein wird nur dann messbar, wenn große Ereignisse uns zusammenbringen, wir uns fokussieren und vorübergehend unser Verständnis und unsere Emotionen teilen. Die Menschheit muss heute mehr denn je ihre Einheit erkennen und gemeinsam an einer bewussten und lebenswerten Zukunft arbeiten. Denn wir stehen vor gewaltigen Herausforderungen.

Wir müssen lernen, auf eine neue Art und Weise zu interagieren: Wir sind eine Menschheit, ein lebendiger Organismus mit einem Zweck, nicht nur eine auf dem Planeten verstreute Sammlung von Individuen. Wir müssen Interaktionen starten, basierend auf den gemeinsamen Interessen aller Lebewesen. So kann die Noosphäre, wie Teilhard de Chardin sie voraussagte, Wirklichkeit werden.

Heute mehr denn je müssen wir uns fragen: Können wir unseren eigenen Platz in der Welt besser verstehen? Können wir neue Bedeutung schaffen und der Zukunft der Erde Gestalt geben? Können wir die Schönheit der subtilsten Aspekte der Welt aufnehmen und wiedergeben? Die Antwort auf diese Fragen lautet: Ja.

Nutzen wir die Welt-Kraft!

Als Individuen fühlen wir uns manchmal machtlos und verloren. Wir wissen nicht, was wir im Dienste dieses großen, globalen Welt-Geistes tun sollen, der manchmal schwer zu erkennen scheint und von dem unsere Zukunft abhängt. Doch wenn wir uns an all die überraschenden, verborgenen Fähigkeiten erinnern, die wir hier als Welt-Kraft beschrieben haben, und sie nicht nur im Auge behalten, sondern auch nutzen, werden sie stärker und führen uns zu den Verbindungen, die wir herstellen und fördern müssen. Sie können unser Dienst an einer großartigen Vision werden.

In einer Zeit, in der wir alle physisch voneinander getrennt sein müssen, spüren wir, dass trotzdem ein starkes Band zwischen uns besteht. Dieses Band ist der Welt-Geist.

Vor ihm macht selbst ein Virus halt.

15
Epilog:
Ihre Geschichte

Wir schreiben das Buch der außergewöhnlichen Fähigkeiten weiter

Dies ist nicht das Ende.

Die jahrzehntelange Beschäftigung mit dem globalen Bewusstsein, den unsichtbaren Gemeinsamkeiten und Verbindungen von Menschen, dieser Matrix, die wir Welt-Geist nennen, lässt uns vermuten, dass es Millionen Menschen auf unserem Planeten gibt, die ihre eigenen persönlichen Erfahrungen damit gemacht haben. Viele Einzelfälle haben wir am PEAR Lab der Princeton University und beim Global Consciousness Project bereits dokumentiert.

Wenn Sie selbst Erlebnisse hatten, die Sie als Manifestationen eines globalen Bewusstseins deuten, als Zeichen der Welt-Kraft oder einfach als unerklärliches Phänomen, möchten wir mehr darüber erfahren. Erzählen Sie uns Ihre Geschichte. Wir haben eine eigene Website zum Thema eingerichtet, auf der Sie nicht nur jede Menge aktuelle Informationen finden, sondern über die Sie auch direkten Kontakt mit uns aufnehmen können:

www.welt-geist.com

Schildern Sie uns, wenn Sie besondere persönliche Erlebnisse mit dem globalen Bewusstsein hatten, seiner heilenden Kraft oder mit scheinbar außergewöhnlichen Fähigkeiten. Erzählen Sie uns von Ihren Experimenten mit der Welt-Kraft: den in diesem Buch beschriebenen oder auch eigenen. Schildern Sie uns Ihre Erfolge, aber auch Misserfolge.

Wir möchten im Lauf der Zeit eine Datenbank aufbauen, um diese Geschichten auszuwerten und zum Teil auch zu publizieren. Wir wollen aber auch mittelfristig eine Plattform schaffen, auf der sich Interessierte in einer eigenen Community austauschen können. Alle weiteren Details dazu finden Sie auf unserer Website. Sie erreichen uns unter:

one@welt-geist.com

Wenn Sie uns auf Facebook folgen wollen, so finden Sie uns unter:

@weltkraft

Ein letzter Tipp: Wenn Sie mehr über das Thema erfahren wollen, empfehlen wir Ihnen unser Buch *Der Welt-Geist. Wie wir alle miteinander verbunden sind*, das es als Taschenbuch bei Goldmann gibt.

»Mitákuye Oyás'iŋ« – »Wir alle sind verbunden.«
Anrufung der Lakota-Indianer am Ende eines
jeden Morgengebets

Anhang

Dank

Die Autoren danken folgenden Wissenschaftlern, Experten und Persönlichkeiten für die Unterstützung bei der Arbeit an diesem Buch sowie die Bereitschaft zu ausführlichen Interviews:

Dr. Larry Dossey, Arzt und Bestsellerautor, Executive Editor von *Explore: The Journal of Science and Healing*, Houston, Texas, USA

Prof. Dr. Etzel Cardeña, Direktor des Centre for Research on Consciousness and Anomalous Psychology (CERCAP), Lund University, Lund, Schweden

Dr. Ruediger Dahlke, Arzt und Bestsellerautor, Gamlitz, Österreich

Brenda Dunne, Mitgründerin des Princeton Engineering Anomalies Research (PEAR) Lab der Princeton University, Präsidentin der International Consciousness Research Laboratories (ICRL), Princeton, New Jersey, USA

Dr. Jane Katra, Bestsellerautorin, Eugene, Oregon, USA

Prof. Dr. Stanley Krippner, Pionier in der Erforschung des Bewusstseins, California Institute for Integral Studies, San Francisco, Kalifornien, USA

Prof. Dr. Rollin McCraty, Forschungsdirektor, HeartMath Institute, Boulder Creek, Kalifornien, Professor an der Florida Atlantic University, USA

Nipun Mehta, Gründer von ServiceSpace, DailyGood, Awakin Circles, Karma Kitchen und Gandhi 3.0, Berater des 44. Präsidenten der USA, Barack Obama, Santa Clara, Silicon Valley, Kalifornien, USA

Prof. Peter Mulacz, Vorsitzender der Österreichischen Gesellschaft für Parapsychologie und Grenzbereiche der Wissenschaften, Sigmund Freud Privatuniversität (SFU), Wien, Österreich

FH-Prof. Dipl.-Ing. Dr. Robert Pucher, Vorstand der Österreichischen Gesellschaft für Parapsychologie und Grenzbereiche der Wissenschaft, University of Applied Sciences, Wien, Österreich

Prof. Dr. Chris Roe, Professor für Psychologie, University of Northhampton, Präsident der Society for Psychical Research, Northampton, Großbritannien

Stephan A. Schwartz, Bewusstseinsforscher und Bestsellerautor, Saybrook University, USA

Russell Targ, Pionier der Fernwahrnehmung, Mitgründer des Stanford Research Institute, Menlo Park, Kalifornien, USA

Die Autoren danken des Weiteren Linda Steinborn und Claudia Huber für die ausgezeichneten Transkriptionen.

Quellen

1 Lutkehaus 2008.

2 Vgl. Ducharme 2019.

3 Vgl. Donnelly 2011.

4 Vgl. World Health Organization: »Biography. Dr. Tedros Adhanom Ghebreyesus«, siehe unter: https://www.who.int/director-general/biography [Stand: 09.03.2021].

5 Ghebreyesus 2014.

6 Ghebreyesus 2020.

7 Ebd.

8 WHO-Fallzahlen Covid-19-Sterbefälle global, Stand Ende Februar 2021.

9 Vgl. McCormick 2020.

10 Stand: Oktober 2020; siehe unter: https://www.princeton.edu/meet-princeton/honors-awards [Stand: 09.03.2021].

11 Angaben der University of North Dakota, Summer Institute of Linguistics (SIL-UND).

12 Reichel-Dolmatoff 1996.

13 Vgl. Mörz 2001.

14 Buchholz 2019.

15 Ebd.

16 Ebd.

17 Ebd.

18 Vgl. ebd.

19 Ebd.

20 Markusevangelium, 1,9–11.

21 Vgl. Scheid 2001 ff.

22 https://www.islamreligion.com/de/articles/183/muhammads-biographie-teil-3-von-12/ [Stand: 09.03.2021].

23 Ebd.

24 https://www.churchofjesuschrist.org/study/scriptures/pgp/js-h/1.13-17?lang=deu#p13#13 [Stand: 09.03.2021].

25 Vgl. ebd.

26 Vgl. Newberg: »How Do Meditation and Prayers Change Our Brains?«, siehe unter: http://www.andrewnewberg.com/research [Stand: 09.03. 2021].

27 Vgl. Newberg et al. 2003.

28 http://www.andrewnewberg.com/research [Stand: 09.03.2021].

29 Vgl. ebd.

30 Vgl. Schwartz 2018.

31 PubMed, National Library of Medicine, National Center for Biotechnology Information, NIH, Stand: 02/2021.

32 Mishlove 2017.

33 Vgl. Frank 2016.

34 Vgl. Puthoff/Targ 1974.

35 Ebd.

36 Vgl. Mungia 2019.

37 Vgl. ebd.

38 Ebd.

39 Vgl. ebd.

40 Ebd.

41 Ebd.

42 Vgl. ebd.

43 Sabin/Lemanne 2016.

44 Ebd.

45 Ebd.

46 Ebd.

47 Ebd.

48 Ebd.

49 Ebd.

50 Mehr Informationen dazu unter: www.radicalremission.com [Stand: 09.03.2021].

51 Turner 2015.

52 Ebd.

53 Vgl. ebd.

54 Vgl. ebd.

55 Vgl. Schwartz 2019.

56 Vgl. Radin et al. 2007.

57 Ebd.

58 Vgl. Barry 1968.

59 Vgl. Haraldsson/Thorsteinsson 1972.

60 Vgl. Sigurdsson 1987.

61 Vgl. Scofield/Hodges 1991.

62 Vgl. Saklani 1988.

63 Vgl. Braud et al. 1979; Braud/Schlitz 1989.

64 Vgl. Grad 1965.

65 Vgl. Cadoret/Paul 1961.

66 Vgl. Byrd 1988.

67 Vgl. Harris et al. 1999.

68 Vgl. Moseley et al. 2002.

69 Vgl. Talbot 2000.

70 Vgl. Dönges 2016.

71 Vgl. Schiefer 2020.

72 Canavero/Kindel 2017.

73 Vgl. ebd.

74 Ebd.

75 Gelder/Chesley 2015.

76 Vgl. Targ/Katra 1999.

77 Vgl. Krieger 1975.

78 Vgl. Krieger 1979.

79 Rosa et al. 1998.

80 Sri Ramanasramam 2018.

81 Ebd.

82 Ebd.

83 Vgl. Schwartz 2017.

84 Vgl. Achterberg et al. 2005.

85 Vgl. Astin et al. 2000.

86 Ebd.

87 Vgl. Canavero/Kindel 2017.

88 Vgl. Stapp 2009.

89 Pucher: »Der Begriff der ›Seele‹ im wissenschaftlichen Diskurs und im modernen Weltbild. Ist die Funktion des Gehirns vollständig erklärbar?«, unveröffentlichter Vortrag.

90 Siehe weiterführend: eclipse.gsfc.nasa.gov [Stand: 09.03.2021].

91 Vgl. Durrett 2010.

92 Angaben des Statistischen Bundesamts. Siehe weiterführend: www.de statis.de [Stand: 09.03.2021].

93 Mehr Informationen dazu unter: https://www.weltderphysik.de/thema/ chaos-und-ordnung/deterministisches-chaos/ [Stand: 09.03.2021].

94 Vgl. Damásio 2013.

95 Weiterführend dazu: Kindel: »OOOM 100: The World's Most Inspiring People«, unter: https://www.ooom.com/digital/ooom100e/2/ [Stand: 09.03.2021].

96 Euler-Rolle 2019.

97 Vgl. Zappella-Kindel 2020a.

98 Zappella-Kindel 2020b.

99 Ebd.

100 Ebd.

101 Vgl. Armour 2007.

102 Vgl. Armour 1991.

103 Vgl. Armour 2003.

104 Vgl. Rado 2015.

105 Nelson/Kindel 2018.

106 Vgl. Pearsall et al. 2002.

107 Vgl. Grulke/Bailer 2006.

108 Vgl. Rodriguez Cetina Biefer et al 2014.

109 McCraty et al. 2012.

110 Vgl. ebd.

111 HeartMath Institute: »The Science of Interconnectivity«. Weiterführende Informationen dazu unter: www.heartmath.org [Stand: 09.03.2021].

112 Vgl. McCraty/Tomasino 2006.

113 Vgl. McCraty et al 2018.

114 Vgl. Dimitrova et al. 2004; Pobachenko et al. 2006.

115 Vgl. Doronin et al. 1998.

116 Vgl. McCraty et al. 2017; Timofejeva et al. 2017.

117 Vgl. Röcker 2019.

118 Vgl. Ferreira de Oliveira et al. 2009.

119 Vgl. Guerra et al. 2014.

120 Vgl. Fischer 2012.

121 Vgl. Wang et al. 2019.

122 Ebd.

123 Perkins 2019.

124 Vgl. McCraty et al. 2004.

125 Goethe 1808.

126 Tesla Science Center at Wardenclyffe: »Rotating Field Revelation 1882«, siehe unter: https://teslasciencecenter.org/pivotalmoments/alternating-current/ [Stand: 29.03.2021].

127 Ebd.

128 Vgl. ebd.

129 Ebd.

130 Tesla 1919.

131 Vgl. Harf 2009.

132 Vgl. Schwartz 2010.

133 Vgl. Richard Phillips Feynman, People Magazine, Januar 1986.

134 Deutsche Stiftung Weltbevölkerung (DSW): Weltbevölkerungsuhr (Stand: 26.02.2021).

135 Statista Research Department: Zunahme der Weltbevölkerung pro Tag, Stand 2020.

136 Wikipedia: Mensa International – bekannte Mitglieder, Stand Februar 2021.

137 Abell 1962.

138 Vgl. ebd.

139 Baillet 2012.

140 Vgl. Berndt 1998.

141 Siehe weiterführend: *The Ramanujan Journal*: www.springer.com/journal/11139 [Stand: 26.02.2021].

142 Schwartz 2010.

143 MacDonald 1964.

144 Vgl. Schwartz 1990.

145 Vgl. Mishlove 2020.

146 Ebd.

147 Vgl. Holmberg 2020.

148 Mishlove 2020.

149 Ebd.

150 Vgl. Arauner 2020.

151 Vgl. Park et al. 2010.

152 Hansen et al. 2017.

153 Vgl. Li 2009.

154 Keltner 2016.

155 Vgl. Burke 2013.

156 Vgl. Keltner 2016.

157 Vgl. ebd.

158 Vgl. Shiota et al. 2007.

159 Keltner 2016.

160 Vgl. ebd.

161 Shiota et al. 2007.

162 Keltner 2016.

163 Vgl. Ekman et al. 1990.

164 Keltner 2016.

165 Zappella-Kindel 2020b.

166 Vgl. Ulrich et al. 1991.

167 Teilhard de Chardin: »Die Erde aufbauen«, Vortrag beim New Yorker Kongress »Wissenschaft und Religion«, Übersetzung von Otto Marbach, siehe unter: https://www.teilharddechardin.nl/oud/Teilhard-Erde.pdf [Stand: 27.03.2021].

168 Brüchsel: »Pierre Teilhard de Chardin SJ. Paläontologe – Philosoph«, siehe unter: https://jesuiten.at/project/pierre-teilhard-de-chardin/ [Stand: 29.03.2021].

169 Vgl. ebd.

170 Roentgen 2015.

171 Vgl. Becker 1987.

172 Vgl. ebd.

173 Vgl. Teilhard de Chardin 2014.

174 Vgl. Lubac 1969.

175 Vgl. Teilhard de Chardin 2018.

176 Ebd.

177 Ebd.

178 Ebd.

179 Vgl. Lubac 1969.

180 Vgl. Judith: »Teilhard de Chardin. 1881–1955«, siehe unter: https://www.gaiamind.com/Teilhard.html [Stand: 29.03.2021].

Literaturverzeichnis

Abell, A. M.: *Gespräche mit berühmten Komponisten über die Entstehung ihrer unsterblichen Meisterwerke, Inspiration und Genius. Richard Strauss, Brahms, Puccini, Humperdinck, Max Bruch, Edvard Grieg*, G.E. Schroeder-Verlag, Garmisch-Partenkirchen 1962.

Achterberg, J., Cooke, K., Richards, T. et al.: »Evidence for Correlations Between Distant Intentionality and Brain Function in Recipients. A Functional Magnetic Resonance Imaging Analysis«, *JOURNAL OF ALTERNATIVE AND COMPLEMENTARY MEDICINE* 11 (2005), 965–971.

Arauner, S.: »Shinrin yoku. Die heilsame Wirkung von Waldbädern«, *JAPANDIGEST*, 16. März 2020.

Armour, J. A.: Anatomy and Function of the Intrathoracic Neurons Regulating the Mammalian Heart, I. H. Zucker, J. P. Gilmore (Hg.): *Reflex Control of the Circulation*, CRC Press, Boca Raton, FL 1991, 1–37.

Armour, J. A.: *Neurocardiology. Anatomical and Functional Principles*, Institute of HeartMath, Boulder Creek, CA, 2003.

Armour, J. A.: »Potential Clinical Relevance of the ›Little Brain‹ on the Mammalian Heart«, *EXPERIMENTAL PHYSIOLOGY* 93 (2007), 165–176.

Astin, J., Harkness, E. F., Ernst, E.: »The Efficacy of ›Distant Healing‹. A Systematic Review of Randomized Trials«, *ANNALS OF INTERNAL MEDICINE* 132 (2000), 903–910.

Baillet, A.: *La vie de Monsieur Descartes. Volume 1 (Éd. 1691)*, Hachette Livre – Bnf, Paris 2012.

Barry, J.: »General and Comparative Study of the Psychokinetic Effect on a Fungus Culture«, *JOURNAL OF PARAPSYCHOLOGY* 32 (1968), 237–243.

Becker, Th.: *Geist und Materie in den ersten Schriften Pierre Teilhard de Chardins*, Herder, Freiburg i. Br. 1987.

Berndt, B. C.: *Ramanujan's Notebooks. Part V*, Springer, New York, DC, 1998.

Braud, W., Davis, G., Wood, R.: »Experiments with Matthew Manning«, *JOURNAL OF THE SOCIETY FOR PSYCHICAL RESEARCH* 50 (1979), 199–223.

Braud, W., Schlitz, M.: »Consciousness Interactions with Remote Biological Systems. Anomalous Intentionality Effects«, *SUBTLE ENERGIES* 2 (1989), 1–46.

Brüchsel, P. R.: »Pierre Teilhard de Chardin SJ. Paläontologe – Philosoph«, siehe unter: https://jesuiten.at/project/pierre-teilhard-de-chardin/ [Stand: 29.03.2021].

Buchholz, L.: *Kogi. Wie ein Naturvolk unsere moderne Welt inspiriert*, Neue Erde, Saarbrücken 2019.

Burke, E.: *A Philosophical Inquiry into the Origin of our Ideas of the Sublime and Beautiful*, Reprint, Simon & Brown, 2013.

Byrd, R. C.: »Positive Therapeutic Effects of Intercessory Prayer in a Coronary Care Unit Population«, *SOUTHERN MEDICAL JOURNAL* 81 (1988), 826–829.

Cadoret, R. J., Paul, G. I.: »The Influence of an Unorthodox Method of Treatment on Wound Healing in Mice«, *INTERNATIONAL JOURNAL OF PARAPSYCHOLOGY* 3 (1961), 5–24.

Canavero, S., Kindel, G.: *Medicus Magnus. Die Revolution der Medizin und wie wir sie für uns nutzen*, Edition a, Wien 2017.

Damásio, A.: *Selbst ist der Mensch. Körper, Geist und die Entstehung des menschlichen Bewusstseins*, Übersetzung S. Vogel, Pantheon, München 2013.

Dimitrova, S., Stoilova, I., Cholakov, I.: »Influence of Local Geo-magnetic Storms on Arterial Blood Pressure«, *BIOELECTRO-MAGNETICS* 25 (2004), 408–414.

Dönges, J.: »Die 7 absurdesten Heilmethoden der Geschichte«, *SPEKTRUM DER WISSENSCHAFT*, 30. Dezember 2016.

Donnelly, J.: »Ethiopia Gears Up for More Major Health Reforms«, *THE LANCET*, 4. Juni 2011.

Doronin, V. N., Parfentěv, V. A., Tleulin, S. Zh. et al.: »Effect of Variations of the Geomagnetic Field and Solar Activity on Human Physiological Indicators«, *BIOZIFIKA* 1998, 647–653.

Ducharme, J.: »World Health Organization Chief Tedros Adhanom Ghebreyesus Never Stops Worrying«, *TIME*, 21. November 2019.

Durrett, R.: *Probability. Theory and Examples*, Cambridge University Press, Cambridge ^{4}2010.

Ekman, P., Davidson, R., Friesen, J.: »The Duchenne Smile. Emotional Expression and Brain Physiology«, *JOURNAL OF PERSONALITY AND SOCIAL PSYCHOLOGY* 58 (1990), 242–253.

Euler-Rolle, G.: »Kämpfer der Liebe – Nipun Mehta«, *OOOM MAGAZIN* 10 (2019), 54 ff.

Ferreira de Oliveira, J., Wajnberg, E., Motta de Souza Esquivel, D. et al. »Ant Antennae. Are they Sites for Magnetoreception?«, *JOURNAL OF THE ROYAL SOCIETY INTERFACE* 7 (2009), 143–152.

Fischer, L.: »Hinweise auf Magnetsinn bei Karpfen«, *SPEKTRUM DER WISSENSCHAFT* 2012.

Frank, T.: *Thai Yoga. Körper und Seele berühren, Partnerübungen*, Hans-Nietsch-Verlag, Emmendingen 2016.

Gelder, K. van, Chesley, F.: *A Most Unusual Life. Dora van Gelder Kunz. Clairvoyant, Theosophist, Healer*, Quest Books, Wheaton, IL, 2015.

Ghebreyesus, T. A.: »Universal health care could have prevented the Ebola crisis«, Gespräch zwischen T. A. Ghebreyesus und R. Kumar, 17. November 2014, Devex Partnerships Forum, Addis Ababa, siehe unter: https://www.youtube.com/watch?v=syie2jJEzaE&t=14s [Stand: 09.03.2021]

Ghebreyesus, T. A.: »Coronavirus Outbreak (COVID-19). WHO Update (11 March 2020)«, Rede T. A. Ghebreyesus, 11. März 2020, siehe unter: https://www.youtube.com/watch?v=Btlzrwl9Lcw [Stand: 09.03.2021].

Goethe, J. W. von: *Faust. Der Tragödie erster Teil*, J. G. Cotta, Tübingen 1808.

Grad, B.: »Some Biological Effects of the ›Laying on of Hands‹. A Review of Experiments with Animals and Plants«, *JOURNAL OF THE AMERICAN SOCIETY FOR PSYCHICAL RESEARCH* 59 (1965), 95–127.

Grulke, N., Bailer, H. M.: »Perceived Changes of Personality After Stem Cell Transplantation«, *JOURNAL OF PSYCHOSOMATIC RESEARCH* 60 (2006), 659.

Guerra, P. A., Gegear, R. J., Reppert, S. M.: »A Magnetic Compass Aids Monarch Butterfly Migration«, *NATURE COMMUNICATIONS* 5 (2014), 4164.

Hansen, M. M., Jones, R., Tocchini, K.: »Shinrin-Yoku (Forest Bathing) and Nature Therapy. A State-of-the-Art Review«, *INTERNATIONAL JOURNAL OF ENVIRONMENTAL RESEARCH AND PUBLIC HEALTH* 14 (2017), 851.

Haraldsson, E., Thorsteinsson, T.: »Psychokinetic Effects on Yeast. An Exploratory Experiment«, J. D. Morris, R. L. Morris, W. C. Roll (Hg.): *Research in Parapsychology*, Scarecrow Press, Metuchen, NJ, 1972, 20–21.

Harf, R.: »Nikola Tesla. Das betrogene Genie«, *GEO KOMPAKT* 18 (2009).

Harris, W. S., Gowda, M., Kolb, J. W. et al.: »A Randomized, Controlled Trial of the Effects of Remote, Intercessory Prayer on Outcomes in Patients Admitted to the Coronary Care Unit«, *ARCHIVES OF INTERNAL MEDICINE* 159 (1999), 2273–2278.

Holmberg, U.: »Stock Returns and the Mind. An Unlikely Result that Could Change Our Understanding of Consciousness«, *JOURNAL OF CONSCIOUSNESS STUDIES* 27 (2020), 31–49.

https://www.churchofjesuschrist.org/study/scriptures/pgp/ jsh/1.13-17?lang=deu#p13#13 [Stand: 09.03.2021].

https://www.islamreligion.com/de/articles/183/muhammads-biographie-teil-3-von-12/ [Stand: 09.03.2021].

Judith, A.: »Teilhard de Chardin. 1881–1955«, siehe unter: https:// www.gaiamind.com/Teilhard.html [Stand: 29.03.2021].

Keltner, D.: »Why Do We Feel Awe?«, *GREATER GOOD MAGAZINE*, 10. Mai 2016.

Krieger, D.: »Therapeutic Touch. The Imprimatur of Nursing«, *AMERICAN JOURNAL OF NURSING* 75 (1975), 784–787.

Krieger, D.: *The Therapeutic Touch. How to Use Your Hands to Help to Heal*, Simon & Schuster, New York u. a. 1979.

Li, Q.: »Effect of Forest Bathing Trips on Human Immune Function«, *BMC ENVIRONMENTAL HEALTH AND PREVENTIVE MEDICINE* 15 (2010), 9–17, Erstveröffentlichung online 2009, siehe unter: https://link.springer.com/article/10.1007/ s12199-008-0068-3 [Stand: 28.03.2021].

Lubac, H. de: *Teilhard de Chardins religiöse Welt*, Herder, Freiburg i. Br. 1969.

Lutkehaus, N. C.: *Margaret Mead. The Making of an American Icon*, Princeton University Press, Princeton 2008.

MacDonald, D. K. C.: *Faraday, Maxwell and Kelvin*, Anchor Books Doubleday, Garden City, NJ, 1964.

McCormick, E.: »Stock Market News Live: Dow Drops 1,400 Points, Ending in Bear Market«, *YAHOO! FINANCE*, 11. März 2020.

McCraty, R., Atkinson, M., Bradley, R. T.: »Electrophysiological Evidence of Intuition: Part 1. The Surprising Role of the Heart«, *JOURNAL OF ALTERNATIVE AND COMPLEMENTARY MEDICINE* 10 (2004), 133–143.

McCraty, R., Atkinson, M., Bradley, R. T.: »Electrophysiological Evidence of Intuition: Part 2. A System-wide Process?«, *JOURNAL OF ALTERNATIVE AND COMPLEMENTARY MEDICINE* 10 (2004), 325–336.

McCraty, R., Atkinson, M., Stolc, V. et al.: »Synchronization of Human Autonomic Nervous System Rhythms with Geomagnetic Activity in Human Subjects«, *INTERNATIONAL JOURNAL OF ENVIRONMENTAL RESEARCH AND PUBLIC HEALTH* 14 (2017), 770.

McCraty, R., Deyhle, A., Childre, D.: »The Global Coherence Initiative. Creating a Coherent Planetary Standing Wave«, *GLOBAL ADVANCES IN HEALTH AND MEDICINE* 1 (2012), 64–77.

McCraty, R., Timofejeva, I., Atkinson, M. et al.: »The Influence of Heart Coherence on Synchronization Between Human Heart Rate Variability and Geomagnetic Activity«, *JOURNAL OF COMPLEXITY IN HEALTH SCIENCES* 1 (2018), 42–48.

McCraty, R., Tomasino, D.: »Emotional Stress, Positive Emotions, and Psychophysiological Coherence«, B. B. Arnetz, R. Ekman (Hg.): *Stress in Health and Disease*, Wiley-VCH, Weinheim 2006, 342–365.

Mishlove, J.: »New Thinking Allowed. A Conversation with Stephan A. Schwartz«, Gespräch zwischen J. Mishlove und S. A. Schwartz, 26. September 2017, siehe unter: https://www.parapsych.org/blogs/jmishlove/archive/2017/9.aspx [Stand: 25.03.2021].

Mishlove, J.: »New Thinking Allowed. InPresence 0188: A New Parapsychological Approach to Financial Forecasting«, 24. August 2020, siehe unter: https://www.youtube.com/watch?v=tTlhh7wRuH0 [Stand 27.03.2021].

Mishlove, J.: »New Thinking Allowed. InPresence 0188: A New Parapsychological Approach to Financial Forecasting«, 24. August 2020, siehe unter: https://www.youtube.com/watch?v=tTlhh7wRuH0 [Stand 27.03.2021].

Mörz, A.: *Schamanismus. Die Priesterinitiation bei den südamerikanischen Kogi*, GRIN, München 2001.

Moseley, J. B., O'Malley, K., Petersen, N. J. et al.: »A Controlled Trial of Arthroscopic Surgery for Osteoarthritis of the Knee«, *NEW ENGLAND JOURNAL OF MEDICINE* 347 (2002), 81–88.

Mungia, L.: *Third Eye Spies*, Dokumentation, Conscious Universe Films, 2019.

Nelson, R. D., Kindel, G.: *Der Welt-Geist. Wie wir alle miteinander verbunden sind*, Edition a, Wien 2018.

Newberg, A., Pourdehnad, M., Alavi, A. et al.: »Cerebral Blood Flow during Meditative Prayer. Preliminary Findings and Methodological Issues«, *PERCEPTUAL AND MOTOR SKILLS* 97 (2003), 625–630.

Newberg, A.: »How Do Meditation and Prayers Change Our Brains?«, siehe unter: http://www.andrewnewberg.com/research [Stand: 09.03.2021].

Park, B. J., Tsunetsugu, Y., Kasetani, T. et al.: »The Physiological Effects of Shinrin-yoku (Taking in the Forest Atmosphere or Forest Bathing). Evidence from Field Experiments in 24 Forests across Japan«, *ENVIRONMENTAL HEALTH AND PREVENTIVE MEDICINE* 15 (2010), 18–26.

Pearsall, P., Schwartz, G. E., Russek, L. G.: »Changes in Heart Transplant Recipients That Parallel the Personalities of Their Donors«, *JOURNAL OF NEAR-DEATH STUDIES* 20 (2002), 191–206.

Perkins, R.: »Evidence for a Human Geomagnetic Sense«, 18. März 2019, siehe unter: https://www.caltech.edu/about/news/evidence-human-geomagnetic-sense [Stand: 26.03.2021].

Pobachenko, S. V., Kolesnik, A. G., Borodin, A. S. et al.: »The Contingency of Parameters of Human Encephalograms and Schumann Resonance Electromagnetic Fields Revealed in Monitoring Studies«, *BIOPHYSICS* 51 (2006), 480–483.

Pucher, R.: »Der Begriff der ›Seele‹ im wissenschaftlichen Diskurs und im modernen Weltbild. Ist die Funktion des Gehirns vollständig erklärbar?«, unveröffentlichter Vortrag.

Puthoff, H., Targ, R.: »Remote Viewing Of Natural Targets«, Präsentationsmanuskript anlässlich der Conference on Quantum Physics and Parapsychology, Genf, 26. bis 27. August 1974, Electronics and Bioengineering Laboratory, Stanford Research Institute, Menlo Park, CA.

Radin, D., Hayssen, G., Walsh, J.: »Effects of Intentionally Enhanced Chocolate on Mood«, *EXPLORE* 3 (2007), 485–492.

Rado, M.: »Integrative Neurokardiologie. Die Herz-Geist-Beziehung«, *KINESIOLOGIE BEWEGT* 28 (2015), 27–31.

Reichel-Dolmatoff, G.: *Das schamanische Universum. Schamanismus, Bewußtsein und Ökologie in Südamerika*, Diederichs, München 1996.

Röcker, A.: »10 Lebewesen, die das Magnetfeld anziehend finden«, *SPEKTRUM DER WISSENSCHAFT*, 5. August 2019.

Rodriguez Cetina Biefer, H., Sündermann, S. H., Emmert M. Y. et al.: »Surviving 20 Years After Heart Transplantation. A Success Story«, *THE ANNALS OF THORACIC SURGERY* 97 (2014), 499–504.

Roentgen, M.: Teilhard de Chardin SJ – I. Annäherung. Kosmische Spiritualität, Wissenschaft der Evolution, Glaube, Mystik, Spiritualität im Gespräch, Dom-Forum Köln am 3. Februar 2015, siehe unter: https://www.erzbistum-k oeln.de/export/sites/ebkportal/seelsorge_und_glaube/spi ritualitaet/.content/.galleries/impulse/Teilhard_de_Char din_I_SiG_2015.doc [Stand: 27.03.2021].

Rosa, L., Rosa, E., Samer, L. et al.: »A Close Look at Therapeutic Touch«, *JAMA* 279 (1998), 1005–1010.

Sabin, G., Lemanne, D.: *N of 1. One Man's Harvard-Documented Remission of Incurable Cancer Using Only Natural Methods. Vorwort D. Ornish*, Fon Press, Silver Spring, MD, 2016.

Saklani, A.: »Preliminary Tests for Psi-ability in Shamans of Garhwal Himalaya«, *JOURNAL OF THE SOCIETY FOR PSYCHICAL RESEARCH* 55 (1988), 60–70.

Scheid, B.: *Religion in Japan. Ein digitales Handbuch*, Universität Wien, Wien 2001 ff., siehe unter: https://www.univie.ac.at/ rel_jap/an/Religion-in-Japan [Stand: 09.03.2021].

Schiefer, C.: »Uğur Sahin. Die Welt atmet auf«, *OOOM MAGAZIN* 16 (2020).

Schwartz, S. A.: »Creativity, Intuition, And Innovation«, *SUBTLE ENERGIES & ENERGY MEDICINE* 1 (1990).

Schwartz, S. A.: »Nonlocality and Exceptional Experiences. A Study of Genius, Religious Epiphany, and the Psychic«, *EXPLORE* 6 (2010), 227–236.

Schwartz, S. A.: »The Manipulation of Perceived Reality Through Nonlocal Intention«, *EXPLORE* 13 (2017), 12–15.

Schwartz, S. A.: »Nonlocal Consciousness and the Anthropology of Religion and Spiritual Practices«, *EXPLORE* 14 (2018), 402–405.

Schwartz, S. A.: »Water, Wine, and the Sacred, an Anthropological View of Substances Altered by Intentioned Awareness, Including Objective and Aesthetic Effects«, *EXPLORE* 15 (2019), 13–18.

Scofield, A. M., Hodges, R. D.: »Demonstration of a Healing Effect in the Laboratory Using a Simple Plant Model«, *JOURNAL OF THE SOCIETY FOR PSYCHICAL RESEARCH* 57 (1991), 321–343.

Shiota, M. N., Keltner, D., Mossman, A.: »The Nature of Awe. Elicitors, Appraisals, and Effects on Self-concept«, *COGNITION AND EMOTION* 21 (2007), 944–963.

Sigurdsson, G.: *Doctors' View of Unconventional Therapies. A Study of the Psychic Experiences of Physicians in Iceland and their Views of Psychic Healing and Other Unconventional Therapies*, Dissertation, University of Western Ontario, London, CDN, 1987.

Sri Ramanasramam: *MOUNTAIN PATH*, 2018.

Stapp, H. P.: *Mind, Matter and Quantum Mechanics*, Springer, Berlin/Heidelberg ³2009.

Talbot, M.: »The Placebo Prescription«, *THE NEW YORK TIMES MAGAZINE*, 9. Januar 2000.

Targ, R., Katra, J.: *Miracles of Mind. Exploring Nonlocal Consciousness and Spiritual Healing*, New World Library, Novato, CA, 1999.

Teilhard de Chardin, P.: »Die Erde aufbauen«, Vortrag beim New Yorker Kongress »Wissenschaft und Religion«, übers. von O. Marbach, o. J., siehe unter: https://www.teilhardde chardin.nl/oud/Teilhard-Erde.pdf [Stand: 27.03.2021].

Teilhard de Chardin, P.: *Das Herz der Materie und Das Christische in der Evolution. Übers. aus dem Französischen und Einführ. R. Brüchsel*, Patmos, Ostfildern 2014.

Teilhard de Chardin, P.: *Der Mensch im Kosmos. Übers. aus dem Französischen O. Marbach. Nachw. G. Schiwy*, C. H. Beck, München ⁵2018.

Tesla Science Center at Wardenclyffe: »Rotating Field Revelation 1882«, siehe unter: https://teslasciencecenter.org/pivotalmo ments/alternating-current/ [Stand: 29.03.2021].

Tesla, N.: *My Inventions*, Experimenter Publishing Company, New York 1919.

Timofejeva, I., McCraty, R., Atkinson, M. et al.: »Identification of a Group's Physiological Synchronization with Earth's Magnetic Field«, *INTERNATIONAL JOURNAL OF ENVIRONMENTAL RESEARCH AND PUBLIC HEALTH* 14 (2017), 998.

Turner, K. A.: *9 Wege in ein krebsfreies Leben. Wahre Geschichten von geheilten Menschen*, Irisiana, München 2015.

Ulrich, R. S., Simons, R. F. et al.: »Stress Recovery During Exposure to Natural and Urban Environments«, *JOURNAL OF ENVIRONMENTAL PSYCHOLOGY* 11 (1991), 201–230.

Wang, C. X., Hilburn, I. A., Kirschvink, J. L. et al.: »Transduction of the Geomagnetic Field as Evidenced from alpha-Band Activity in the Human Brain«, *ENEURO* 6 (2019).

World Health Organization: »Biography. Dr. Tedros Adhanom Ghebreyesus«, siehe unter: https://www.who.int/director-general/biography [Stand: 09.03.2021].

Zappella-Kindel, Chr.: »Bewusstseinsreise. Gandhi 3.0«, *OOOM MAGAZIN* 16 (2020) [= Zappella-Kindel 2020a].

Zappella-Kindel, Chr.: »Dacher Keltner. Professor Optimist«, *OOOM MAGAZIN* 16 (2020) [= Zappella-Kindel 2020b].